ポピュリズム

デモクラシーの友と敵

カス・ミュデ＋クリストバル・ロビラ・カルトワッセル
永井大輔＋高山裕二 訳

POPULISM

A Very Short Introduction

Cas Mudde
and
Cristóbal Rovira Kaltwasser

白水社

ポピュリズム——デモクラシーの友と敵

メアリアンとソフィアに

POPULISM : A VERY SHORT INTRODUCTION
by Cas Mudde and Cristóbal Rovira Kaltwasser

目次

装幀＝小林　剛
組版＝鈴木さゆみ

謝辞

草稿（またはその一部）を読み、それにかんして適切な意見・感想をくれた同僚や友人を以下に挙げ、彼らに対し著者一同より謝意を表したい——ベン・スタンリー、カルロス・デ・ラ・トレ、ヤン＝ヴェルナー・ミュラー、ケネス・ロバーツ、カーク・ホーキンズ、ルーク・マーチ、メアリアン・ギャラガー、マテース・ローダイン、ポール・ルカーディ、ペトル・コペツキー、サラ・デ・ランゲ、ティーツカ・アッカーマン。また、草稿の一部はアムステルダム大学（二〇一五年三月）およびテッサロニキ・アリストテレス大学（二〇一五年七月）で発表しており、両方の催しにおいて参加者から建設的な批評を頂けたのは有益であった。さらには二組の匿名の評者たちが、本書の企画書および全草稿に対する意見・感想を提供してくれたほか、オックスフォード大学出版会のチーム、とりわけナンシー・トフとエルダ・グラナータにも著者一同は支えられ、恩恵を受けている。エドガード・ベレンゼンとクリストバル・サンドバルにも、製作全体を通して大変お世話になった。

カス〔・ミュデ〕からは、ノートルダム大学ケロッグ国際学研究所の支援に対し、謝意を表したい。当研究所における二〇〇九〜二〇一〇年度の特別研究員期間中、著者はヨーロッパ以外でのポピュリズムをめぐる情況について学ぶことができた。また、二〇一五年の春に研究休暇を与えてくれたジョージア大学国際関係学部にも感謝する。そのおかげで筆者は本書の執筆に取り組み、その第一稿を世界各地の同僚に読んでもらって議論を重ねることができた。最後に、筆者の元博士課程学生で現在は友人となったヤン・ヤーハースに、心から御礼申し上げる。彼はポピュリズムに対する理解を深めていく上で非常に重要な情報を提供してくれた。

クリストバル［・カルトワッセル］からは、チリの国立科学・技術開発基金（ＦＯＮＤＥＣＹＴ、研究課題番号一一四〇一〇一）およびミレニアム科学研究助成（研究課題番号ＮＳ一三〇〇〇八）の支援に対し、謝意を表したい。また、ディエゴ・ポルタレス大学およびドイツ学術交流会（ＤＡＡＤ）の支援にも感謝する。そのおかげで筆者は、二〇一五年の七月から八月にかけてベルリン社会科学研究センター（ＷＺＢ）に滞在し、本書の草稿執筆に取り組むことができた。最後に本書の企画を支えてくれた、サンティアゴ（チリ）のマヌエル・ビクーニャならびにベルリンのウォルフガング・メルケルとグードルン・ムウナにも御礼申し上げたい。

第一章　ポピュリズムとは何か

ポピュリズムは、二十一世紀における流行りの政治学用語のひとつである。この用語は、ラテンアメリカの左翼系大統領やヨーロッパの主流派に挑む右翼系政党を評するのに使われるほか、アメリカ合衆国では左翼と右翼の両方の大統領候補を評するのに用いられている。しかしながら、大勢のジャーナリストや読者を一様に惹きつける一方で、この用語は広汎に使用されているため、混乱や不満を引き起こしてもいる。本書の目的は、ポピュリズムの現象を分かりやすく解説し、現代政治におけるその重要性を浮き彫りにすることにある。

本書が提示するポピュリズムの特定の解釈は、人口に膾炙しているものではあるが、支配的なものなどとはとうてい言えない。本書の主な長所は、通常ポピュリストと評されるほとんどの政治家の本質的特徴を捉えるだけでなく、ポピュリストとそうでない人物とを識別できるよう、明確なポピュリズムの定義を示している点にある。したがって本書は、この用語に対する二つの大きな批判に真っ向から挑むことになる。すなわち、（一）ポピュリズムとは、そもそも政敵を糾弾するための論戦用語《カンプフベグリフ》である、というものと、（二）ポピュリズムは曖昧すぎるがゆえに、どの政治家にも当てはまってしまう、というものである。

本書では、まずなによりポピュリズムをリベラル・デモクラシーとの関連において位置づける。この選択は、イデオロギーというよりも経験則や理論的な知見に基づいている。理論からいうと、ポピュリズムともっとも基本的に並び立つのは、デモクラシーそのものや他のデモクラシーのどのモデルよりも、リベラル・デモクラシーである。経験則からいうと、最重要なポピュリズムの担い手たちは、リベラル・デモクラシーの枠組み、すなわちリベラルな民主主義であるかそうあろうとする体制のなかで活動している。こうして焦点を絞り込むと、細かくなっていかにも限定的になってしまうが、だからといってリベラル・デモクラシーが完全無欠だとみなしているわけでもなければ、ほかに考えられる民主主義の体制が定義上どれも非民主的だと考えているわけでもない。また、この分析手法をリベラル・デモクラシーの枠組みにしか適用しないわけでもない。

本質的に異論の多い概念

どんな重要概念であっても議論の余地がないものなどないわけだが、ポピュリズムにまつわる議論は、それが何なのかということだけでなく、はたしてそれが実在するのかというところにまで関わってくる。これはまさしく本質的に異論の多い概念なのである。そうした概念をめぐる混乱の典型例が、先駆的な著作である『ポピュリズム――その意味と国民性』（一九六九年）のなかに見られる。同書ではさまざまな執筆者がポピュリズムの定義を行なっており、なかでもある種のイデオロギーや運動、症候群《シンドローム》だと定義されている。事態をさらにややこしくしているのは、世界のさまざまな地域において、ポピュリズムが性質のはっきりと異なる現象と同一視されたり、ときには混同されたりする点である。たとえば、ヨーロッパの文脈においては反移民や外国人嫌悪《ゼノフォビア》のことを指してポピュリズムと呼ぶことがあるが、ラテンアメリカではクライエンテリズム〔恩顧・庇護関係〕や経済政策の失敗のことを遠回しに言っている場合が多い。

混乱の一端は、ポピュリズムというレッテルを、人なり組織なりがみずから称することはめったにないという事実からくる。それよりも、他者の特徴とされ、ほとんどの場合に否定的な意味合いを帯びる。ポピュリズムであるという見解でそれなりに一致しているアルゼンチン〔元〕大統領フアン・ドミンゴ・ペロンや、〔二〇〇二年に〕殺害されたオランダの政治家ピム・フォルタインといった数少ない例ですら、本人はポピュリストを自認していなかった。ポピュリズムには決定版となる教科書や典型的な事例がないなか、学者やジャーナリストはきわめて多種多様な現象を指し示すのにこの用語を使っているのである。

本書の理念的といわれるアプローチは、さまざまな学問分野で広く用いられており、ジャーナリズムにおいてはより暗黙のうちに多用されてもいるが、これはポピュリズムにかんしているつかあるアプローチのうちのひとつにすぎない。色々あるアプローチのすべてをいちいち概説するのは短い本書には不可能なことであるし目的でもないが、特定の学問分野や地域ではもっと一般的に使われている最重要なもの〔以下の五つのアプローチ〕については触れておきたい。

〔一〕人民を行為主体とするアプローチでは、ポピュリズムとは人民が政治に携わることによって築かれる民主的な生活様式であると考えられる。これはとくに米国の歴史家のあいだや、十九世紀後半の北アメリカのポピュリズムの先駆け――人民党の支持者――にかんする本の著者のあいだでよく使われるものである。おそらくローレンス・グッドウィンの『デモクラシーの約束――アメリカのポピュリズム運動』（一九七六年）が、人民を行為主体とするアプローチのもっとも代表的なものであり、それによると、ポピュリズムとは（普通の）人びとを動かし、共同体主義的《コミュニタリアン》なデモクラシーのモデルを創出する本質的に前向きな動力とみなされている。そのポピュリズムの担い手に対する解釈は、ほぼすべての革新的な大衆運動を含めている点で、他のアプローチのほとんどと比べて広くもあり狭くもある。

〔二〕ポピュリズムに対するラクラウ的なアプローチは、とくに政治哲学、いわゆるクリティカル・スタディーズや西ヨーロッパとラテンアメリカの政治研究において流行っている。そのもとになっているのは、アルゼンチンの政治理論家である故エルネスト・ラクラウによる先駆的著作のほか、ベルギー出身の妻シャンタル・ムフとの後年の共著である。そのなかでポピュリズムは、政治の本質であるだけでなく、解放のための力でもあると考えられている。このアプローチにおいては、リベラル・デモクラシーこそが問題であって、ラディカル・デモクラシーがその解決策である。ポピュリズムは政治に再び闘争をもち込んだり、現状を変えたりするという目的のもと、社会で排除されている階層の動員を促すことで、ラディカル・デモクラシーを成し遂げるのに寄与しうる。

〔三〕社会経済的なアプローチは、一九八〇年代および一九九〇年代にラテンアメリカのポピュリズム研究でことさら顕著であった。ルディガー・ドーンブッシュやジェフリー・サックスといった経済学者の解釈によると、ポピュリズムとは主として無責任な経済政策の一類型であり、その特徴としては、外債を財源として巨額の支出を行なう第一期と、それに続くハイパーインフレおよび苛酷な景気調整の実施からなる第二期とがある。のちにラテンアメリカのポピュリストたちが新自由主義経済学に賛同したことが主な理由となって、ほかの社会科学のほとんどでこの社会経済的なアプローチは支持を失っているが、とりわけ米国ではエコノミストやジャーナリストのあいだで依然として通用している。より人口に膾炙した言い方である「ポピュリズム経済」は、大幅な（過剰な）富の再分配および政府支出を伴うがゆえに無責任とみなされる政治的計画のことを指す。

〔四〕もっと最近のアプローチにおいては、ポピュリズムをなによりもまず政治戦略と考える。それは、信奉者たちからの支持を何者も介さずに直接受けることで統治を行なおうとする特定のタイプの政治家が用いるものである。こちらはとくに、ラテンアメリカおよび非西洋社会を研究する者のあいだで受け入れられている。このアプローチが強調するのは、ポピュリズムの意味のなかに、権力を集中させ大衆との直接的な結びつきを保つ強力なカリスマ的人物の台頭が含まれている点である。こうした視点から見ると、指導者は遅かれ早かれ亡くなるうえ、代わりの者を立てる過程で抗争が絶えなくなるのも避けられないため、ポピュリズムは息長く続くものになりえない。

〔五〕最後に挙げるアプローチは、おもにポピュリズムを、指導者や政党が大衆を動員するのに用いる、民間伝承じみた政治スタイルとみなすものである。このアプローチは、メディアのみならず（政治的）コミュニケーション研究でも著しく人気がある。この理解に基づいた場合、ポピュリズムはメディアの注目と民衆からの支持を最大限活用することを目的とした、素人の未熟な政治行動を暗に指している。ポピュリストとされる人物は、服装規定《ドレス・コード》や言葉遣いのマナーを軽んじることで、みずからを従来と異なる新奇な存在としてだけでなく、「人民」に味方し「エリート」に刃向かう勇敢な指導者として演出できる。

各アプローチにはそれぞれ大きな長所があり、色々な面において本書の理念的アプローチと適合しているところもある。したがって、本書はここで挙げてきたアプローチを、不一致があるゆえに無視することはない。むしろ、〔それらをふまえ〕この短い本を通じて一貫したひとつの明確なアプローチを提示してみたい。本書としては、たとえ特定の色眼鏡《レンズ》を通すことになるとしても、読者がこれによって、このきわめて複雑でありながら重大な現象をよりよく理解する助けになればと考えている。

理念的アプローチ

ポピュリズムの本質をめぐって長年にわたり論争が続いた結果、学者のなかにはポピュリズムが社会科学においては意味のある概念になりようがないと論じる者も出てくれば、ポピュリズムをメディアと政治に限定すべき、もっぱら規範的な用語とみなす者もいる。そうした苛立ちは理解できなくもないが、ポピュリズムという用語は、ヨーロッパから南北両アメリカまでの政治を論じる際に中心となりすぎていて、たんに取り払ってしまえば済むというわけでもない。それに、古今のおもだったポピュリズムの現象すべての核心を正しく捉えつつも、明らかにポピュリズムにあたらない現象を除外できるくらいの精確さをもった定義を創り出すことは、不可能ではないのだ。

この十年間に社会科学者のあいだで、ポピュリズムをおもに「理念的アプローチ」に基づいて定義し、ある種の言説やイデオロギー、世界観と考える者が増えてきた。共通の了解を獲得するには全く至っていないのだが、ポピュリズムを理念とする定義は世界各地の研究で使用され、成功を収めている。それがもっとも顕著なのは西ヨーロッパだが、東ヨーロッパや南北両アメリカでも増えてきている。理念的アプローチを支持する学者のほとんどが、概念の表層や細かな言い回しで必ずしも一致しているわけではないが、定義の核心となる概念は共有している。

ポピュリズムを定義づける特質について学者のあいだで見解がまとまらなくてもなお、あらゆるかたちのポピュリズムが「人民」の心に訴え、「エリート」を糾弾する類のことを何かしら含むという点では、全体的に意見が一致している。したがって、ポピュリズムには必ずエスタブリッシュメント〔既成特権階層〕への批判と庶民への阿諛が含まれている。そう述べてもさほど異論の余地はなかろう。もっと具体的に述べるなら、本書ではポピュリズムを、社会が究極的に「汚れなき人民」対「腐敗したエリート」という敵対する二つの同質的な陣営に分かれると考え、政治とは人民の一般意志（ヴォロンテ・ジェネラール）の表現であるべきだと論じる、中心の薄弱なイデオロギーと定義する。

「中心の薄弱なイデオロギー」というポピュリズムの定義は、その概念がしばしばもつと言われる順応性を理解するのに役立つ。イデオロギーとは、人間と社会のあり方ならびに社会の構成や目的にかんする規範的な理念の集合である。簡単にいうと、世界がどうあるのか／どうあるべきなのかという、物の考え方のことである。「中心の強固な」あるいは「中身のつまった」イデオロギー（たとえばファシズムや自由主義、社会主義）とは異なり、ポピュリズムのように中心の薄弱なイデオロギーは限定的な形態をとるのであって、表向きは必然的に他のイデオロギーと結びついた——場合によっては同化した——ようになる。むしろポピュリズムは、必ずといってよいほど他のイデオロギーの要素と結びついており、それらの要素は大衆により広く訴える政治的計画を進めるうえでなくてはならないものである。したがって、ポピュリズム自体は、現代社会の生み出すさまざまな政治問題に対して、複雑な解決策も包括的な解決策も示すことはできない。

　これはつまり、ポピュリズムがきわめて多種多様なかたちをとることがあるということであり、そのかたちはポピュリズムの核心となる概念がどのようにして他の概念と表面上結びつき、それぞれの社会にとって多かれ少なかれ魅力的な解釈の枠組みを形成するかによって異なる。こうして見ると、ポピュリズムとは各個人が政治情勢を分析・理解するのに使用する一種の頭に描いた図式《メンタル・マップ》のことだと解さねばならない。ポピュリズムは、首尾一貫したイデオロギーの伝統というよりもさまざまな理念の集合なのであって、現実の世界では全く別の、場合によっては相矛盾するイデオロギー同士が組み合わさって現われるのである。

　ポピュリズムのイデオロギーがもつその薄弱さこそが、一部の学者がポピュリズムを一過性の現象と考えるべきだと唱えている理由のひとつである。つまり、ポピュリズムは失敗するか、成功してもみずからの「限界を越えて」もっと大きな何かへ変わるかのどちらかである、というのだ。このような流動性は、主としてポピュリズムが否応なしに他のイデオロギーからさまざまな概念を取り入れるところにあり、それらはより複雑で安定しているだけでなく、ポピュリズムの「亜種《サブタイプ》」を生み出すことも可能にする。別の言い方をすると、ポピュリズムそれ自体は、特定の各時機に有意なものになることはあるとしても、多くの概念がポピュリズムのイデオロギーのとる形態と緊密に結びつき、それらは長い目で見れば、少なくともポピュリズムの担い手が生きながらえるのに〔ポピュリズムそれ自体と〕同じくらい重要になる。それゆえ、ポピュリズムが純粋なかたちで存在することなどめったにない。むしろ、ほかの概念と組み合わさって現われるのであり、ほかの概念のおかげで生きながらえることができるのである。

ポピュリズムを理念とする定義についての主な批判のひとつは、その定義ではあまりに広すぎて、あらゆる政治的な人物・運動・党派に当てはまってしまう可能性がある、というものだ。概念というのは、定義する対象を含むだけでなく、それ以外のものを一切入れない場合にのみ有効であるという点では同意見である。言い換えると、本書の定義するポピュリズムが意味をなすのは、ポピュリズムならざるものがある場合に限るということだ。そして、ポピュリズムの正反対にあたるものが、少なくとも二つある。すなわち、エリート主義と多元主義である。

エリート主義は、ポピュリズムの基本である一元論的かつ二元論的な社会の区分、すなわち同質な「善」と同質な「悪」とに分ける点は同じであるが、二つの層の価値については正反対の見方をもつ。単純にいうと、エリート主義者は「人民」が危険で不誠実で低俗であると考えており、「エリート」が道徳面だけでなく文化や知性においても勝っていると考える。したがって、エリート主義者は政治をエリートだけが扱う、もしくはエリートが主導する事柄として、人民は口を出せないようにすることを望む。そしてデモクラシーを完全否定するか（例としてはフランシスコ・フランコやアウグスト・ピノチェト）、制限されたデモクラシーのモデルを提唱するか（例としてはホセ・オルテガ・イ・ガセットやヨーゼフ・シュンペーター）のいずれかである。

多元主義は、ポピュリズムとエリート主義双方の二元的な物の見方の対極に位置し、代わりに社会はさまざまな考えや利害をもちながら共通する部分ももつ、多種多様な社会集団に分けられると考える。多元主義においては、多様性は弱点というよりもむしろ強みとみなされる。多元主義者は、社会には権力の中心がたくさんあってしかるべきであり、政治とは、妥協や合意によってできるだけ多くの集団それぞれの利害や価値観を反映させるべきであると考える。したがって、権力は社会にあまねく振り分けられ、特定の集団が——たとえばそれが男性であろうと、エスニック・コミュニティであろうと、経済界や知識階層、軍や政界のひと握りの人びとであろうと——自分たちの意志を他集団に押し付ける力を獲得できないようにするべきだ、というのが主要な考え方となる。

同様に、ポピュリズムとクライエンテリズムは（とくにラテンアメリカの政治にかんする）文献でしばしば混同されているため、これらの用語が根本的に異なることを確認しておくのも大切だ。クライエンテリズムは、選挙区民と政治家とのあいだで行なわれる交換の特殊な形態であり、有権者は権力者《パトロン》なり政党なりへの支持を条件として、さまざまな利益（たとえば直接の給付金や、雇用・財貨・サービスの利用優先権）を得る。疑うまでもなくラテンアメリカのポピュリズムの指導者たちは、多くが恩顧・庇護的な人間関係を用いて選挙に勝利したり権力の座にとどまったりしてきた。しかしながら、これを行なうのは彼らにかぎったことではなく、ことさらポピュリズムがクライエンテリズムと類似性をもっていると考える理由にはならない。前者はまずもってイデオロギーであり、さまざまな政界の人物や選挙区民が共有することもあるが、後者は基本的に戦略であって、（さまざまなイデオロギーの）指導者や政党が政治権力を勝ち取り、行使するために利用するものである。

クライエンテリズムとポピュリズムが唯一類似していそうなのは、両者とも右と左の区別に関係がない点ぐらいである。政党・有権者間で恩顧・庇護的な人間関係を利用することも、左派政治あるいは右派政治への信奉も、ポピュリズムを定義するものではない。ポピュリズムは、出現する際の社会経済的・社会政治的な情況に応じて、さまざまな組織形態をとったり、種々の政治的計画を支持したりする。これはつまり、薄弱な中心部分をもつという性質のおかげで、それぞれの時代や場所に特徴的な形態をとれるほど、ポピュリズムには順応性があるということである。実例を挙げるならば、ラテンアメリカのポピュリズムは、一九九〇年代には往々にして新自由主義的な衣をまとって登場したが（たとえばペルーのアルベルト・フジモリ）、二〇〇〇年代にはもっぱら急進的な左翼という変種となって現われた（たとえばベネズエラのウゴ・チャベス）。

中核概念

ポピュリズムには、三つの中核概念がある。人民、エリート、そして一般意志である。

人民

ポピュリズムの概念や現象をめぐって行なわれる議論のほとんどは、「人民」という用語の曖昧さに焦点を当てることになる。じっさい、「人民」が構築物で、せいぜい現実の特定の解釈（や単純化）を示したものにすぎないということは誰もが同意するところである。したがって、さまざまな研究者が主張してきたのは、この曖昧さがその概念を役立たないものにしているということだった。その一方で、「核心地《ハートランド》」のような、より意味の特定された代替案を探す研究者もいた。しかしながら、ラクラウが力強く主張したように、「人民」が「空っぽの記号表現」だからこそ、ポピュリズムはそのように力強い政治的なイデオロギーであり現象なのだ、というのはまさに事実である。ポピュリズムには、さまざまな有権者を惹きつけ、彼らの要求を明確にかたちにできるよう「人民」を組み立てる力があることを考えれば、ポピュリズムは多様な集団間に共有されたアイデンティティを生み出し、共通の目標を支持しやすくすることができるのである。

「人民」は構築物であるため、多大な柔軟さが可能になる一方で、ほとんどのケースで次の三つの意味を組み合わせて使われる。すなわち、主権者、普通の人びと〔庶民〕、国民としての人民、である。すべてのケースで、「人民」と「エリート」という主要な区別が、二次的な特徴と関連づけられる。すなわち、政治権力、社会経済的な地位、国民性とそれぞれ関連づけられる。じっさい、すべてのポピュリズムの現象が、これら二次的な特徴を多少とも合わせもっていることを考慮に入れるならば、今触れた人民の意味のひとつだけが現われるというケースは稀である。

〔第一の意味である〕主権者としての人民という概念は、近代民主制の理念に基づくもので、「人民」を政治権力の究極の源泉であるだけでなく「支配者」として定義する。この概念はアメリカとフランスの革命を抜きにしては語れない。その革命は、合衆国大統領エイブラハム・リンカーンの有名な言葉でいえば、「人民の、人民による、人民のための統治」を樹立するものだった。とはいえ、民主的体制の形成は、支配者と被支配者の相違を完全に消すことを意味するものではなかった。ある状況下では、主権者たる人民は権力をもつエリートによって（よく）代表されていないと感じうるし、よって政治的エスタブリッシュメントを批判（ないし歯向かうことさえ）するだろう。これは、「政府を人民のもとに戻す」ポピュリズムの闘争のきっかけになりうる。

すなわち、「主権者としての人民」という概念はポピュリズムのさまざまな伝統のなかで共通の主題となる。それは、民主国家における政治権力の究極の源泉がひとつの集合体に由来し、これを考慮に入れなければ示威運動や叛乱に至りうるという事実を思い出させる役割を果たす。たしかに、これは十九世紀後半のアメリカ合衆国の人民党（ポピュリズム党とも呼ばれる）と同様、二十世紀から今日までのアメリカの他のポピュリズム運動を支える原動力のひとつだった。

第二の意味は、「普通の人びと〔庶民〕」という概念であり、これは陰に陽に社会経済的な地位を特定の文化的伝統や人民の価値観と結びつけた広範な階級の概念を指している。「普通の人びと」に言及することは多くの場合、一般市民の判断や趣味、価値観を不信の目で見る支配層の文化への批判を指している。そのエリート主義的〔一般市民〕観とは対照的に、「普通の人びと」の概念は、その社会文化的・社会経済的な地位のために権力から客観的ないし主観的に排除されている集団の尊厳や知識を擁護するものである。このため、ポピュリズムの指導者や有権者は、支配層の文化によって劣等とみなされる文化的要素をたいてい受け入れる。たとえば、ペロンはアルゼンチンにおける政治共同体の新しい構想と表現を普及させ、以前は大概社会の進歩から取り残されてきた集団、とくにいわゆるシャツを着ていない集団（デスカミサドス）やカベシタス・ネグラスと呼ばれる人びと〔非白人・非メスティーソの出稼ぎ労働者〕の役割を賛美した。
じっさい、「普通の人びと」の利益や思想におもねることは、もっとも頻繁に見られる訴えのひとつで、ポピュリストだと通常レッテルを貼られるさまざまな経験に見られる。人民のこの意味は、統合と分断の両方をもたらす傾向があることは注目に値する。すなわち、それは怒れる静かな多数派を結合することを試みるだけでなく、その多数派を明白な敵（たとえば「エスタブリッシュメント」）に対して動員することも試みる。この反エリート的衝動は、政党や大組織や官僚制といった諸制度の批判をともない、それらをポピュリズムの指導者と「普通の人びと」との「真の」結びつきを歪めるものだと非難する。

第三の、最後の意味は、国民《ネイション》としての人民の概念である。この場合、「人民」という用語は、市民権もしくはエスニシティ〔の有無〕によって定義される――たとえば「ブラジルの人民」のことを話す場合と「オランダ人」について話す場合とがある――国民共同体を指して使われる。これはつまり、ある特定の国「出身」の人びとはすべて含まれるということであり、彼らはともに生活を共有する共同体を形成するということである。したがって、さまざまな「人民」の共同体は、普通は創設神話によって強固にされるそれぞれ唯一にして固有の国民を表わしている。それにもかかわらず、国民の境界の定義は決して単純ではない。「人民」を現存する国家の住民と同一視するのが困難な業であることが分かるのは、とくにさまざまな民族集団が同じ領土に存在するからである。

エリート

「人民」とは違って、ポピュリズムにおける「エリート」の意味について理論化した著者はほとんどいない。区別は汚れなき人民と腐敗したエリートのあいだにあることから、決定的な側面は道義的であることは明らかである。しかし、これでは誰がエリートなのかについて詳しくはわからない。ほとんどのポピュリストは政治的エスタブリッシュメントを嫌悪するだけでなく、経済的エリート、文化的エリート、そしてメディアのエリートを批判する。これらは、すべて人民の「一般意志」に逆らうひとつの同質的な腐敗した集団として描かれる。その区別は本質的に道義的であるが、エリートは多様な基準で特定されるのである。

エリートはまずなにより権力に基づいて定義される。すなわち、それには政治、経済、メディア、芸術の世界で指導的な地位にある人びとのほとんどが含まれる。たとえば、ドナルド・トランプは、二〇一六年の大統領選の運動期間中に、こう述べた。「ワシントンのエスタブリッシュメントやそれに資金を提供する金融やメディアの企業は、ひとつの理由、つまりみずからの保身と富だけのために存在しているのだ」。とはいえ、標的となるエリートから、ポピュリスト自身はもとより、これらの集団のなかでポピュリストに共感をもつ人びとは除外される。たとえば、オーストリア自由党（FPÖ）も普通なら「メディア」は「エリート」を擁護し自由党を公平に取り上げていないと批判するのだろうが、注目すべき例外がひとつだけある。『クローネン・ツァイトゥンク』である。この人気タブロイド紙は、オーストリアのほぼ五人に一人に読まれているが、長いあいだ、この政党とその指導者である故イェルク・ハイダーのもっとも忠実な支持者のひとつだったので、人民の真の声だとみなされたのである。

　ポピュリズムは、根本的に反エスタブリッシュメントの立場に立つため、ポピュリストは定義上みずからが政権に居続けることはできないと多くの研究者が論じてきた。そうなれば、彼らが「エリート」（の一部）に結局はなってしまうだろう。しかし、これは人民とエリートの区別の本質が道義的であって地位によるものではないということと、ポピュリズムの指導者がもつ臨機応変さの両方を無視している。スロヴァキアの元首相ヴラジミール・メチアルからベネズエラの大統領故ウゴ・チャベスまで、政権を握ったポピュリストたちは、エリートを部分的に再定義することで反エスタブリッシュメントのレトリックを維持し続けることができたのである。彼らの議論にとって本質的なことは、現実の権力が民主的に選出された指導者、すなわちポピュリストではなくいくつかの影の権力のうちにあり、それらが人民の声を害する不当な権力を持ち続けているということなのである。革新主義の有名なアメリカの歴史家リチャード・ホーフスタッターはポピュリズムを評して「被害妄想《パラノイア》型の政治」と言ったが、それがもっとも明瞭に現われるのはまさにここである。

　前述のように、人民の定義と無関係ではないとすれば、エリートは経済（階級）もしくはネイション（真正さ《オーセンティック》）との関係によって定義されるだろう。ポピュリストは、階級の分断が「人民」の土台を掘り崩し「エリート」の権力を維持するために人為的に作られたものだと多くの場合主張し、ポスト階級世界を擁護する一方で、時としてエリートを経済との関係で定義するのである。これはたいてい左翼ポピュリストの場合であり、彼らはポピュリズムをある漠然としたかたちの社会主義と結合しようとする。しかしながら、右翼ポピュリストでさえ、人民とエリートの究極の闘争を経済的権力と結びつけ、政治エリートは経済エリートと共謀し、人民の「一般利益」より「特殊利益」を優先していると論じる。この批判は、反資本主義というわけでは必ずしもない。たとえば、アメリカのティーパーティーの活動家の多くは、自由市場の筋金入りの擁護者である。ただ、彼らは大企業が議会における政治的縁故で保護主義的立法を通して自由市場を腐敗させ競争を失わせることで、資本主義の真の原動力であり「人民」の一部をなすとみなされる中小企業を抑圧していると考えるのだ。

エリートを経済的権力と結びつけることは、政権を握ったポピュリストにとってはとくに有用である。それは自分たちが政治的成功を収めていないことに対して「釈明をする」ことを可能にする。すなわち、政治的権力を失ったかもしれないが経済的権力を持ち続けているエリートによって妨害されている、という具合に。こういった論法は、とくに一九九〇年代の移行期における共産主義後の東ヨーロッパでしばしば耳にした。また、それは現代ラテンアメリカの左翼ポピュリズムの大統領たちのあいだで今なお人気がある。たとえば、チャベス大統領はベネズエラを「民主化する」彼の努力を挫いた責任は経済エリートにあるとしばしば非難した。一方、ギリシャの首相で左のポピュリズムの急進左派連合（スィリザ）の指導者アレクシス・ツィプラスは、「ギリシャのロビー団体と寡頭政」が自身の政府の土台を掘り崩していると責め立てた（ちなみに、どちらの主張も事実無根である）。

　ポピュリストたちは、エリートは人民の利益を無視しているだけでなく、むしろ国の利益に逆らってさえいるともしばしば論じる。欧州連合（EU）内の多くのポピュリズム政党は、政治エリートがEUの利益を国家の利益より優先していると非難する。同様に、ラテンアメリカのポピュリストたちは、政治エリートは自国の利益よりアメリカ合衆国の利益を守っていると何十年ものあいだ非難してきた。また、ポピュリストのなかには、ポピュリズムと反ユダヤ主義を結びつけ、国家の政治エリートは反ユダヤ主義において語られている陰謀の一部であると信じ、彼らは「シオニズムの手先」であると批判する者もいる。たとえば、東ヨーロッパや中央ヨーロッパでは、ブルガリアの「アタカ国民連合」やハンガリーの「より良いハンガリーのための運動」（ヨッビク）のような急進的な右翼ポピュリズム政党の主要な政治家たちが、国家エリートはイスラエルやユダヤの利益の代弁者だと非難してきた。

　最終的に、人民とエリートの区別が道義的かつ民族的である場合、ポピュリズムはナショナリズムと完全に融合しうる。この場合、エリートは列強諸国の手先とみなされるだけでなく、彼ら自身がよそ者とみなされる。不思議なことに、このレトリックはヨーロッパの外国人を嫌悪するポピュリストたちのあいだではそれほど普及していない。それは、〔ヨーロッパの〕エリートが（どの分野であれ）ほぼ例外なく「自国生まれ」であることを考慮してのことだろう。東ヨーロッパの反ユダヤ的レトリックを脇に置けば、エスニックポピュリズム（あるいは「エスノポピュリズム」）は、どこよりも現代ラテンアメリカにおいてはっきりと現われている。たとえば、ボリビア大統領エボ・モラレスは、汚れなき「メスティーソ」の人民と腐敗した「ヨーロッパ系」エリートを区別し、ボリビアにおける人種間のパワーバランスに対して直接影響を及ぼしている。

ポピュリズムにおける主要な区別が道義的である一方、ポピュリズムの担い手たちは、人民とエリートを区別するのに多様な二次的基準を用いる。そうして得られる柔軟性は、ポピュリストが政治権力を獲得するとき、とりわけ重要となる。エリートの定義が人民の定義と同じ基準に基づくならば道理にかなっているだろうが、いつもそうだとはかぎらない。たとえば、ヨーロッパの外国人嫌悪のポピュリストは、人民を民族によってしばしば定義し、「よそ者」（すなわち移民や少数者）を排除するが、エリートが別の民族集団をなしているとは論じない。とはいえ彼らは、エリートは自国民より移民の利益を贔屓しているいると論じるのである。

ポピュリストたちは多くの場合、エリートと人民のさまざまな解釈、すなわち階級やエスニシティや道義性を組み合わせるだろう。たとえば、サラ・ペイリンやティーパーティーのような現代アメリカの急進的な右翼ポピュリストは、エリートのことを、カフェラテを飲みボルボ

1　サラ・ペイリンはアメリカ合衆国で二〇〇八年の共和党副大統領候補に指名されたあと、有名になった。彼女はポピュリズムのティーパーティー運動内で影響力があったが、同集団が共和党と穏やかな関係をつねに維持したわけではなかった。

に乗っている東海岸のリベラルと表現する。これにそれとなく対比されるのは、レギュラー・コーヒーを飲み米国製の車に乗ってアメリカ中部（核心地《ハートランド》）に住んでいる、本当の・普通の・自国生まれの人民である。［オーストラリアの］急進的な右翼ポピュリズムの「ワン・ネイション」の指導者、ポーリン・ハンソンであれば、イギリスの入植者の伝統を誇りにする田舎のオーストラリアの本当の人民を、知的な都市エリートと対比するだろう。そのエリートは、「オーストラリアを先住民族に戻すことでこの国をめちゃくちゃにしたい」人びとだとされる。

一般意志

第三の、最後のポピュリズムのイデオロギーの中核概念は、一般意志の概念である。この概念を用いることで、ポピュリズムの担い手や有権者は政治的なるものの特定の考え方にそれとなく言及することになるが、それは高名な哲学者ジャン＝ジャック・ルソー（一七一二〜一七七八年）の著作と密接に関わるものである。ルソーは、一般意志《ヴォロンテ・ジェネラール》と全体意志《ヴォロンテ・トゥス》を区別する。前者は、人民が共同体に共に参加し、共通の利益を強いるよう立法化する能力を指し、後者は、ある特定の瞬間の個別利益の単純な総和を意味する。ポピュリズムによる汚れなき人民と腐敗したエリートの単一論的で道義的な区別は、ひとつの一般意志が存在しているという考えを強めるものである。

こうして見ると、政治家の仕事は、全く単純である。つまり、イギリスの政治理論家マーガレット・カノヴァンの言葉を使えば、彼らは「一般意志が何か分かるほどには開明的で、かつそれを意志することが期待できる結束力をもった共同体に個々の市民をまとめあげるほどにはカリスマ的」であるべきである。チャベスの二〇〇七年の就任演説は、この一般意志のポピュリズム的理解の典型的な例を示している。

政府、基本法、最高統治権の基礎をなす論点にかんして、国民全体の意見を聞くことほど、人民の教養に一致することは……ない。すべての個人は誤りを犯したり誘惑されたりしがちだが、人民はそうではない。人民は、みずからの善について最高度の自覚と適度な独立心をもっている。このため、その判断に汚れはなく、その意志は強力であり、誰も腐敗することはありえないし、それを恐れることさえないのだ。

多くのポピュリストは、一般意志の概念を使うことで、代議制に対するルソー的批判を共有する。代議制は権力の貴族的形式とみなされ、そのなかで市民は定期的に選挙によって動員され代表を選ぶことしかしない受動的な存在として扱われるという。逆に、彼らが訴えるのはルソー的な自治の共和主義的ユートピアだ。それはまさに、市民が法を作ると同時に執行しうるという理念である。驚くべきことではないが、時代や場所の違いを超えて、ポピュリズムの担い手たちはレファレンダムやプレビシットのような直接民主政的仕組みの実施をたいてい支持する。実例としては、ペルーの元大統領アルベルト・フジモリからエクアドルの現大統領ラファエル・コレアまで、ラテンアメリカの現代ポピュリズムは、制憲議会を通して憲法改正を成立させ、続いて国民投票《レファレンダム》にかける傾向がある。

したがって、ポピュリズムの指導者とその有権者の直接的関係を深めるのに役立つ他の制度的仕組みと同様、直接民主政とポピュリズムのあいだには選択的親和性〔二つの異なる要素が共鳴する傾向〕があると論じうる。別の言い方をすれば、ポピュリズムの実践的な帰結のひとつは、当然あると考えられる一般意志の構築を可能にする制度を巧妙に推進していくことである。事実、ポピュリズムの信奉者たちは、エスタブリッシュメントが人民の意志を考慮する能力も関心も（あるいはどちらかが）ないと批判する。そして、この批判にはたいてい理由がないわけではない。たとえば、ヨーロッパの左右のポピュリズム政党は、EUの計画のエリート主義的性格を非難し、一方で現代のラテンアメリカの左派ポピュリストたちは、（かつての）エリートたちが人民の「真の」問題を無視していると批判している。

ポピュリズムの一般意志の概念は、公共圏において構築される理性的プロセスというよりも「常識」の概念に基づいている。これはつまり、一般意志が特殊な仕方で形づくられることを意味し、そのことがさまざまな要求を集約したり共通の敵を特定するのに役立つのである。ポピュリズムは人民の一般意志に訴えることで、それぞれのやり方で分節化を行なう論法を定め、その論法にしたがってひとつの強いアイデンティティを有した幅広い人びとからなる主体（「人民」）の形成が可能になり、現状の体制（「エリート」）に挑戦できるようになるのである。この観点からポピュリズムは民主化する力とみなされうる。なぜなら、それは人民主権の原理を擁護し、政治的エスタブリッシュメントによって代表されていると感じていない集団に権利を与えることを目指すものだからだ。

とはいえ、暗い側面ももっている。その現われ方がどうであれ、ポピュリズムの単一論的な核心部分、とりわけその「一般意志」の概念は、権威主義的傾向を支持することにつながるおそれが十分にある。事実、ポピュリズムの担い手や有権者は多くの場合、ドイツの政治理論家カール・シュミット（一八八八～一九八五年）が発展させたものに近い政治的なるものの概念を共有している。シュミットによれば、同質的な人民の存在は、民主的秩序の創設にとって不可欠なものである。この意味において、一般意志は人民の単一性と、民衆に属さない、よって同等には扱われない人びとの明確な分離に基づいている。要するに、ポピュリズムが暗示しているのは、一般意志は明白なものであるだけでなく絶対的であるがゆえに、権威主義、および人民の同質性を脅かす（と言われる）ものへの反自由主義的な攻撃は正当化されうるのである。

評論家のなかには、ポピュリズムは本質的に反政治的なものだと論じる者さえいる。なぜなら、ポピュリズムの担い手や有権者は、「われわれ人民」のあいだ（あるいはその内）に意見の相違は存在しない（ということになっている）反政治的ユートピアを創造しようとしているからだ。このことは、ポール・タガートの「核心地《ハートランド》」という概念に全くうまく表現されている。それは、ポピュリストにとっての想像上の共同体のことで、真正で汚れえないとされる同質的なアイデンティティを描いたものである。しかし、これは〔ポピュリズムの〕一部を描写しているにすぎない。「政治的正しさ」に反対し、エリートが人民に課した「タブー」を打ち破ることで、ポピュリストは特定の論点の再政治化を促しているのである。それはたとえば、西ヨーロッパにおける移民や、ラテンアメリカにおけるいわゆるワシントン・コンセンサス〔ワシントンに本拠を置くIMFや世界銀行とアメリカ政府のあいだで一九九〇年前後に成立した開発途上国に対する政策にかんする合意〕の政策のように、エスタブリッシュメントによって意識的であれ無意識的であれ（十分には）取り扱われてこなかった論点である。

理念的アプローチの利点

本書では、理念的アプローチを採用することで、ポピュリズムを中心の薄弱なイデオロギーと定義したが、それはさまざまな歴史の瞬間や世界の場所で現われるだけでなく、さまざまな形態ないし「亜種《サブタイプ》」で現われる。ポピュリズムは、たとえば複数の階級の運動あるいは特定の動員や政治戦略といった別の仕方でこれまで概念化されてきたが、理念的アプローチは他のアプローチに比していくつかの利点をもっている。それは、以下の章でより詳しく説明されることになる。

第一に、ポピュリズムを中心の薄弱なイデオロギーと考えることで、なぜポピュリズムが現実世界で自由自在に姿形を変えることができるのかを理解することが可能である。ポピュリズムは、そのイデオロギー的核心や概念が限定的なものであるため、少なくともポピュリズムの担い手にとってはポピュリズム自体と同じくらい意味のある他の概念やイデオロギー群と必ず結びついて現われる。なかでも注目すべきは、政治の担い手たちがポピュリズムを、多種多様な他の中心の薄いないし厚いイデオロギーと結びつけてきたことである。そのなかには、農地改革論、ナショナリズム、ネオリベラリズム、社会主義が含まれる。

第二に、ポピュリズムを何か特定の動員や指導者のあり方に限定するさまざまな定義とは逆に、理念的アプローチは通常、この現象に関連する幅広い政治の担い手たちについて説明することができる。ポピュリズムの担い手は、非常にさまざまな仕方で動員を行なってきた。それには、確固とした構造をもつ政党だけでなく緩やかに組織された社会運動が含まれる。同様に、特定のリーダーシップが流行っていることがあるとしても、ポピュリズムの担い手は非常にたくさんの形態や規模で現われるものである。しかし、彼ら全員がもつ共通点がひとつある。それは民の声《ウォクス・ポプリー》のイメージを念入りに作るということだ。

第三に、理念的アプローチは、「デモクラシーとどういった関係にあるか」という、ポピュリズム論の決定的な問いに対してより包括的かつ多角的な回答を提示する優位な位置を占めている。ポピュリズムとデモクラシーの関係は、その多くの反対者や数少ない擁護者が主張するほど単純ではない。ポピュリズムは、民主化過程の段階次第で（リベラル・）デモクラシーの友であり、また敵であるため、その関係は複雑である。

最後、第四に、本書ではポピュリズムをイデオロギーと定義することで、ポピュリズム的政治の需要側と供給側の両方を考慮に入れることが可能になる。ほとんどの説明では、ポピュリズムを政治エリートが使う政治のスタイルや戦略と定義し、ポピュリズムの供給側にもっぱら焦点が当てられるが、本書のアプローチでは、ポピュリズムの需要側、すなわち大衆目線でのポピュリズムの理念への支持に注意を向けることができる。これは、ポピュリズムの発作的事象の原因とポピュリズムに対して民主国家がとる対応の代価と便益の両方のより包括的な理解をわれわれが深めることに役立つのである。

第二章　世界中のポピュリズム

ポピュリズムの研究者は、それが近代的現象であるという考えを共有している。一般に受け入れられている考えによれば、ポピュリズムは十九世紀後半のロシアやアメリカ合衆国において現われたもので、理念と体制の両方として広まったデモクラシーと密接に関係しているという。今日、ポピュリズムはヨーロッパや南北両アメリカ大陸の民主主義諸国でもっとも流行しているとはいえ、ほとんどすべての大陸と政治体制に影響を与えている。すべてのポピュリストに共通する言説がある一方で、ポピュリズムはきわめて雑多な政治現象である。個々のポピュリズムの担い手は、右でも左でも、保守的でも革新的でも、宗教的でも世俗的でもありうる。

評者のなかには、この極度の多様性がポピュリズムという用語を全く受け付けない理由であるとし、かくも多様なものには実体が全くないと論じる者もいる。しかし、ポピュリズムの担い手の多様性は、中心となる属性の欠如を表わしているというよりも、むしろポピュリズムが単独で存在することはめったにないという事実の結果である。ポピュリズムが一連の限られた論点だけを問題にする中心の薄弱なイデオロギーであると考えれば、ほとんどすべてのポピュリズムの担い手はひとつ以上の他のイデオロギー、いわゆる主要《ホスト》なイデオロギーとポピュリズムを結びつけることになる。概して、ほとんどの左翼ポピュリストはポピュリズムをなんらかのかたちの社会主義と、一方で右翼ポピュリストはなんらかのかたちのナショナリズムとそれを結びつける傾向がある。

各ポピュリズムの担い手は、特定の社会的不満のために現われるが、その一連の不満が依拠《ホスト》するイデオロギーの選択に影響を及ぼし、それがまたその担い手の「人民」と「エリート」の定義の仕方にも影響を与える。各国の政治情況は、地域の情勢によって、あるいはグローバルな情勢によってすらも強く方向づけられるため、特定の地域や時期のポピュリズムの担い手たちは酷似しうる。たとえば、現在のヨーロッパの情況のなかでは、EUという最重要の政治情況がポピュリズム政治を含む国政のほとんどを方向づけている。じっさい、EU内のすべてのポピュリズムの担い手は——それぞれ懐疑の性格や強度は違うとしても——、EU懐疑派である。

本章では、過去百五十年の主要なポピュリズムの担い手を簡単に概観する。とりわけ焦点を当てるのは、ポピュリズムがもっとも問題となる三つの地理的領域である。すなわち、北アメリカ、ラテンアメリカ、そしてヨーロッパである。本書は、これら三つの地域の主要な各時期における政治情況や特性、主要《ホスト》なイデオロギー、そしてポピュリズムによる人民とエリートの独自な解釈を簡単に説明する。本章の最後では、これら伝統的な地域の外、なかでもアジアや中東やサハラ以南のアフリカにおける最近のポピュリズムの担い手の何人かに注目する。

北アメリカ

北アメリカ、とりわけアメリカ合衆国は、十九世紀終わりに遡るポピュリズム運動の長い歴史をもつ。北アメリカ大陸には、ポピュリズムの指導者はこれまでもそれなりにはたいてい州レベルではいたけれども——たとえば、ルイジアナの州知事ヒューイ・ロングやアルバータ州首相のアーネスト・プレストン・マニング——、ほとんど多くの重要なポピュリズム勢力は中央の指導力と組織が比較的弱い運動という特徴をもっていた。十九世紀後半の農民反乱から二十一世紀初めのオキュパイ・ウォールストリートやティーパーティー運動まで、北アメリカのポピュリズムは、多くの場合自然発生的に出現し、地域的な動員と弱い組織という特徴をもっていたのである。

十九世紀の終わりに北アメリカの辺境《フロンティア》の諸州は、重大な経済的かつ社会的変化を経験した。鉄道網の拡張などインフラの発展や銀貨の鋳造などの経済的変化は、田舎の地域にとりわけ深刻な影響を及ぼした。農地改革論と結合したポピュリズムは、十九世紀終わりから二十世紀初めにかけていわゆるプレーリー・ポピュリズムに移行していった。ポピュリズム的感情は、カナダの西部諸州とアメリカの南西部やグレート・プレーンズ地域でもっとも激しかったが、この間北アメリカ全土に広がったのである。

当時のプレーリー・ポピュリストは、「人民」を農民、より具体的には独立自営農民《ヨーマン》、すなわちヨーロッパ人の子孫である自由で独立した農民と理解した。北アメリカのポピュリズムをつねに特徴づけてきた生産者主義に即するかたちで、農民は汚れなき人民、つまり土地の所有権をもち社会のあらゆる商品（とくに衣服や食料）を生産する人びとと表現されたのである。エリートとは、北東部の銀行家や政治家であり、何も生産しないが高額な信用貸付を通じて農民から財を搾り取る人びとのことだった。もともとポピュリストたちはなんらかの反ユダヤ的かつ人種主義的傾向をあらわすが、その一方で人民とエリートの区別は主として民族的ないし宗教的な性質をもっていたわけではなかった。むしろ、その基礎は道義的、地理的、職業的なもので、つまり良き田舎の農民と腐敗した都市の銀行家や政治家との区別だった。

カナダやアメリカ合衆国の連邦制のなかで、ポピュリズム政党や政治家は局地的・地域的な著しい影響と成功を得ることができたが、全国的な政治的存在感は欠いていた。一般にポピュリズムとして知られる人民党は、一八九〇年代にいくつかの州で代表を得た。けれども、地域を横断して惹きつける単独の指導者を欠いたため、人民党は一八九六年の大統領選で民主党の公認候補だったウィリアム・ジェニングズ・ブライアンを支援することに決めた。ブライアンが選挙に敗れたあと、ポピュリズムはその勢いを失うが、二十世紀初めのより広範な革新主義運動のなかで断続的に再び現われた。カナダでは、いくつかの地域からなる政党である社会信用党が一九三〇年代から六〇年代まで、アルバータからケベックに至る選挙で著しい成功を収め政権を勝ち取った。しかし、連邦のカナダ社会信用党（the Socreds）は、地域間の分裂に悩まされ、有力な全国的勢力に成長することは一度もなかった。

ポピュリズムは、冷戦期初めの反共運動のなかで、猛烈な勢いで復活した。時代の不安や、アメリカ保守主義内での左翼思想に対する長年の恐怖や拒否反応に影響を受けて、組織立っていない右翼大衆運動がもともと革新的だった米国のポピュリズムをおもに反動的な現象へと変容させたのである。反共ポピュリストにとって、「人民」は核心地《ハートランド》出身の普通の愛国的な（「真の」）アメリカ人である一方、「エリート」は沿岸部、とくに北東部に住み、陰に陽に「非アメリカ的」な社会主義思想を支持する者たちのことだった。彼らはポピュリズムを生産者主義に結びつけ、上の腐敗したエリートと下の特定の人種と結びついた下層階級《アンダークラス》のあいだで汚れなき人民が押し潰されているとし、エリートは権力を維持するために人民の勤勉さにたかって彼らの富を白人でない下層階級に「再配分」していると責め立てた。

マッカーシズム——上院議員ジョセフ・マッカーシーの名前に由来する——による反共主義の魔女狩りの過剰さが広く知られ、またデタント〔米ソ間の緊張緩和〕政策の浮上とソビエト連邦に対する合衆国の優越の増大が共産主義者の占領という被害妄想的恐怖を弱めるにつれ、反共運動は一九七〇年代には公の場からおおむね姿を消した。ポピュリズムの広く大衆を惹きつける力は、共和党主流派の政治家において失われたとはいえ、平均的なアメリカ人のあいだにある右翼的憤怒の活用を試みる者もいた。なかでももっとも巧みな者の一人は、のちに失脚したアメリカ合衆国第三十七代大統領、リチャード・ニクソンである。ニクソンは、根はポピュリストではないが、〔リベラルな〕エリートによって比喩的また文字通り沈黙させられている〔真の〕アメリカ人民の多数派を示すものとして「声なき多数派《サイレント・マジョリティ》」という用語を普及させたのである。

右翼ポピュリズムは、二十世紀後半における二つのもっとも成功した第三党の大統領選挙運動の核ともなった。一九六八年、民主党の前アラバマ州知事、ジョージ・C・ウォレスは、アメリカ独立党（AIP）の候補者として立候補し、約一千万票、十三・五パーセントを得票したのである。ウォレスはおもに人種分離政策を擁護する単一争点《シングル・イシュー》運動を展開、その生産者主義的ポピュリズムのなかで〔真の人民の〕下にいるアフリカ系アメリカ人の貧民と上にいる反人種隔離的な白人エリートの両方を標的にすることで、南部五州を制したのだ。一九九二年、テキサス州の億万長者ロス・ペローは、さらにうまくやったと言えるだろう。約二千万票、十八・九パーセントを得票したのである。彼の「団結すれば、立ち上がれる」運動は、財政赤字や銃規制といった幅広い右翼的関心と論点を穏健な生産者主義や強力なポピュリズムと結びつけたのである。ペローは親しみやすい言葉を使い、汚れなき核心地《ハートランド》を腐敗した東海岸に対抗させることで、自分がワシントンの「だだっ広い部屋を一掃する」と〔真の〕アメリカ人民に約束したのだった。新しく設立した改革党の指導者として臨んだ一九九六年の選挙戦ではそれほど成功しなかったが、それでも八百万票を得て、八・四パーセントを得票したのである。

右翼ポピュリストの主要な「内なる敵」は、時とともにいくらか変化してきた。たとえば、一九五〇年代は共産主義者だったが、六〇年代は公民権運動、七〇年代は「司法積極主義的判事」に取って代わった。その一方で、主な社会経済的、またより重要な社会文化的な不満は驚くほど不変だった。それは、「われわれの生活様式《ウェイ・オブ・ライフ》」が「リベラルなエリート」によって攻撃を受けているという不満である。つまり、彼らエリートは、圧制的な〔連邦〕国家と費用過多の膨張した福祉国家を利用して、援助に値しない少数派に「特権」を与えながら人民の独創力や価値観を抑えつける者たちなのだというのである。こうした言説は、一九六〇年代のウォレスのより人種主義的なAIP〔アメリカ独立党〕から九〇年代のペローやマニングのより新自由主義的な改革党まで、北アメリカの右翼ポピュリズム運動すべての特徴だった。

ポピュリズムは、十九世紀のより革新主義的なものから二十世紀のより保守主義的なものへと移行したが、「人民」の自己定義はほとんど変わらなかった。彼らはなお、おもに核心地出《ハートランド》身の普通の人びと〔庶民〕のことであるが、おそらく職業〔農民というより中産階級〕や宗教〔プロテスタントというよりキリスト教徒〕にかんしてはより包括的に解釈されるようになった。逆に、「エリート」の描写はいくらか変化した。北東部の大企業や政治家がポピュリズムの言説ではなお中心的である一方、文化的エリートと言われる人びとがより目立つようになった。基本的に、この文化的に「リベラルなエリート」は、（高等）教育、とりわけアイビー・リーグの大学を通じて働きかけ、そこで将来の官僚や裁判官、政治家を「非アメリカ的」思想によって「間違った道へと導いている」というのである。

二十一世紀の最初の十年は、ともに大不況《グレート・リセッション》に関連した社会的不満によって行動に駆り立てられた二つの新しいポピュリズム運動の出現が見られた。思想領域をまたいではいるが、二つの運動には共通点が多い。それらは、共和党大統領ジョージ・W・ブッシュのもとで開始され民主党の後任バラク・オバマによって継続された、金融界への政府の緊急財政支援に強く反対するものだった。二つのポピュリズム運動は、長年のアメリカ流のやり方で、腐敗した「ウォールストリート」に対して汚れなき「メインストリート〔実体経済〕」を擁護するよう主張した。しかしながら、それらは依拠するイデオロギーによって分けられる。人民とエリートにかんしてオキュパイ・ウォールストリートはより包摂的で、ティーパーティーはより排他的である。

オキュパイ運動は、経済危機の結果として損をした九十九パーセントの人びと、すなわち「正真正銘の」アメリカ人民を代弁すると主張しながら、左翼の抗議として現われた。それはブッシュ／オバマの緊急財政支援とウォールストリートやワシントン、つまり腐敗した一パーセントのエリートに抗議したのである。オキュパイ・ウォールストリートは、実力行使でマンハッタンの金融地区にあるズコッティ公園を占拠、大部分のメディアの注目を集めるなか、似通った集団が北アメリカ全土で（さらにそれを越えて）各地を占拠した。オキュパイ運動は、革新的な社会正義の課題をポピュリズムと結合させ、「人民」のより包摂的な解釈とわずかではあるが生産者主義につながるものだった。そこでは政治経済のエリートをひとつの同質的な集団とみなし、主要メディアのエリートもまたその一部であると考えられる。オキュパイ運動自体は、中心の指導力の欠如と強制退去、二〇一一年の厳冬の結果、勢力を失っていく一方で、民主党の上院議員で大統領候補者だったバーニー・サンダースの物言いである九十九パーセント対一パーセントというポピュリズム的分割といったレトリックの面は生き残った。事実、二〇一六年の大統領選の演説のひとつ〔ニューハンプシャー州での民主党の大統領予備選挙での勝利演説〕で、彼はこう主張したのである。「〔今晩〕われわれは、この国の政治経済のエスタブリッシュメントに対して通告したのだ。アメリカ人民はアメリカの民主主義の土台を崩す腐敗した選挙資金制度を受け入れ続けることはない、そして、ほとんどすべての新たな収入と富が上位一パーセントのところに行く一方で、普通のアメリカ人はそれより低い賃金で長い時間働くよう操作された経済を受け入れることはないだろう、と」。

ティーパーティー運動はおもに、緊急財政支援に反対する保守主義者とリバタリアン〔自由至上主義者〕を動員した。それはきわめて強い生産者主義的メッセージをもち、多くの場合人民にかんして人種差別的な解釈に暗につながるものだった。ティーパーティーはウォールストリートへの反感についてはオキュパイ運動と共有する一方で、「エリート」の定義はより限定的である。ティーパーティー運動の多くの団体や支持者は、その言葉で銀行家や民主党員やハリウッドを指している。しかしながら、その運動はいわゆる人工芝《アストロターフ》と草の根の団体の根本的な緊張によって弱体化していった。前者には、共和党のエスタブリッシュメントに近いフリーダム・ワークスのような潤沢な資金と組織をもつロビー集団が含まれる。一方、後者には、全国にある何千もの小さな地方的・地域的なパトリオットとティーパーティーの団体が含まれる。彼らは共和党のエスタブリッシュメントをＲＩＮＯ（名ばかりの共和党員）とみなす。両団体は、「われわれ人民」の声を表明すると主張するが、草の根団体のポピュリズム的感情は、オバマ大統領と民主党を主な標的にする人工芝団体のそれよりずっと強烈なものだった。また、草の根の人びとが、おもに社会文化的な不満を表明するのに対して（「国を取り戻す」）、人工芝の人びとはほとんどもっぱら社会経済的な不満に焦点を合わせるのである（「オバマケア」や増税など）。

ドナルド・トランプは、ティーパーティーのなかで決して活動的ではなく、せいぜいその動員が絶頂を迎えた期間に政治的役割を果たしたにすぎないが、草の根の活動家たちも擁護した論点の多くを大統領選で押し出したのである。移民排斥主義と権威主義を本能的な反エスタブリッシュメントの感情と結びつけ、民主党と共和党両方のエリートを攻撃することで、彼の選挙運動は「ブライトバート・ニュース」の会長〔当時〕スティーヴ・バノンの指導のもと、ますますポピュリズム的になっていった。たとえば、二〇一六年十月、フロリダ州での選挙演説で、トランプは次のように語った。「われわれの運動は、失敗し腐敗した政治的エスタブリッシュメントを、あなたたち、アメリカ人民によってコントロールされた新しい政府に取って代えることが目的なのだ」。二〇一六年大統領選挙での彼の驚くべき勝利が示したのは、予想に反して、右翼ポピュリズムがアメリカ合衆国の政権を勝ち取る実用的な戦略だということだった。〔ただ〕トランプがその在任中、ポピュリズムのレトリックを使い続けるかどうかは議論の余地がある。というのも、彼は議会で共和党の支持を得る必要があり、また上院議員のなかには、彼の右翼ポピュリズム的な政策の要素とは相容れない考えをもっている者もいるからだ。

ラテンアメリカ

ラテンアメリカは、もっとも持続的で広く行き渡ったポピュリズムの伝統をもつ地域である。高水準の社会経済的不平等と比較的長い期間の民主的支配の結合が、多くのラテンアメリカ諸国でポピュリズムがあれほど成功したイデオロギーである理由を大部分説明している。一方で、経済的・政治的権力の一握りの少数者への集中は、ポピュリズム的言説をとりわけ惹きつけるものにしている。なぜなら、それは人民の意志に反して行動する不正な寡頭政の存在を明らかにするからだ。他方で、比較的自由で公正な選挙の定期的な実施は、有権者が現状への不満を伝えられる仕組みを提供している。結果として、ラテンアメリカの市民が、寡頭政支配に代わって人民自身の支配する政府を樹立すると約束するポピュリズム政党や指導者を支持するのは驚くべきことではない。

ポピュリズムがラテンアメリカ中の選挙で成功しているのは、民主政治と極端な不平等の結合に関係しているけれども、この地域はさまざまな種類のポピュリズムの浮沈を経験してきたのを心に留めておくことは重要である。ラテンアメリカの歴史全体を通じて、われわれは三つのポピュリズムの波を特定することができる。これらの波は、誰が「汚れなき人民」で誰が「腐敗したエリート」なのかについて特殊な理解をそれぞれ発展させただけでなく、特定のイデオロギー的特徴を採用することで目に見える社会的不満をめぐる語りを構築することが容易になったのである。

ラテンアメリカのポピュリズムの第一の波は、一九二九年の大恐慌の到来とともに始まり、一九六〇年代の終わりのいわゆる官僚権威主義体制の登場まで続いた。この期間のあいだ、ラテンアメリカの国々は、統合の危機を経験した。つまり、田舎の住民の都市圏への移動の増加と産業化を導く経済改革の実行が、政治的・社会的諸権利の要求の高まりへの道を切り開いたのである。その地域全域で、さまざまな指導者や政党が社会的論点に関わる政治的計画を推進した。社会主義と共産主義はラテンアメリカのほとんどの国々で支持を得たが、いくつかの国々ではポピュリズムがそれよりずっと大きな成功を収めた。これはアルゼンチンやブラジルやエクアドルといった国々のケースで、ジェトゥリオ・ヴァルガス、フアン・ドミンゴ・ペロン、ホセ・マリーア・ベラスコ・イバーラは、「労働者階級」というよりも「人民」に焦点を当てた政治言語を各様に作り出すことで大統領になった。同時に、彼らは「アメリカニスモ」のイデオロギーに依拠することで、すべてのラテンアメリカの住民はひとつの共通のアイデンティティをもつと主張し、帝国主義の諸勢力の介入を非難した。

　ポピュリズムの第一の波が国々で異なる現われ方をするなかで、ひとつの重要な共通点は、「汚れなき人民」と「腐敗したエリート」が形づくられる仕方にある。これらポピュリズムの試みはすべて、明らかに協調組合主義《コーポラティズム》的な傾向をもち、それによれば、汚れなき人民は農民と労働者から構成される徳のあるメスティーソの共同体と定義され、先住民やアフリカ系の市民は無視される。汚れなき人民のこのイメージのおかげで、ポピュリズムの指導者たちは、排除されてきた階層が指導者に忠誠さえ表明すれば動員と統合を促すことができた。腐敗したエリートにかんしては、経済の輸入代替工業化モデル〔輸入製品の国産化政策〕に反対する帝国主義の諸勢力と結託した国家的な寡頭政だと、第一の波のすべてのポピュリストたちは語ったのである。じっさい、これが意味したのは、エスタブリッシュメント全体が腐敗したエリートとして描かれたのではなく、それはむしろポピュリズムの指導者によって奨励された統治モデルと相容れない層にはいるエリートのことだった。

　ポピュリズムの第二の波は、第一の波よりかなり短く、それほど実を結ぶことがなかった。それは一九九〇年代はじめに現われたが、そのもっとも典型的なケースは、アルゼンチン（カルロス・メネム）、ブラジル（フェルナンド・コロール・デ・メロ）、そしてペルー（アルベルト・フジモリ）に見いだせる。これらの国々は、一九八〇年代終わりに深刻な経済危機に見舞われたため、ポピュリズムの指導者たちは国の惨憺たる状況をエリートのせいにし、人民は正当な主権を奪われてきたと主張して選挙に勝つことができたのである。これらの指導者のほとんどは、経済状況にどう対処するかについて計画的な立場を明確に説明することなく、一度権力を握ると国際通貨基金（ＩＭＦ）と協力することを選び、過酷な新自由主義的改革を実行した。こういった措置は人気がなかったけれども、経済を安定させ、ハイパーインフレを除去するのに役立った。これによってメネムやフジモリといった政治指導者が再選された理由が部分的に説明されるだろう。

ポピュリズムの第二の波は一連の新自由主義的な理念を採用することで、「汚れなき人民」対「腐敗したエリート」に誰が属するかについて特殊な理解をはっきりと示した。第一の波と違って、その闘争は「政治階級」や国家に対してなされるものとして考案された。腐敗したエリートとされる者は、強力な国家の存在を好み、自由市場の発展に反対するような政治の担い手として描かれた。〔第二の波において〕アメリカニスモのイデオロギーとその反帝国主義の強調が役割を果たすことはなかったのである。新自由主義のアプローチに即して人民は受動的な個人の塊として描かれ、彼らの考えは世論調査から導き出されうることになる。ただ実のところ、ポピュリズムの第二の波は、インフォーマル・セクター〔社会的に排除された庶民階層〕や

2　エバ・ペロンと彼女の夫フアン・ドミンゴ・ペロン将軍は一九四〇、五〇年代のアルゼンチンにおける華やかなビッグカップルだった。彼は一九四〇年代から一九七〇年代まで、アルゼンチン大統領を三期務めた。彼らはポピュリズム的理念を用いることで、アルゼンチン社会の排除されてきた階層に発言権を与えたが、今日なおアルゼンチンの多くの人びとに崇敬されている。

極端な貧民を対象にした反貧困プログラムの実施を特徴としていたのである。

ラテンアメリカのポピュリズムの第三の現在における波は、一九九八年にベネズエラでウゴ・チャベスが選挙で勝利したことで始まり、続いてボリビア（エボ・モラレス）やエクアドル（ラファエル・コレア）やニカラグア（ダニエル・オルテガ）といった国々に広がった。それらの指導者は、アメリカニスモと反帝国主義のレトリックを利用したため、第一の波の場合といくらか類似した事例ではある。しかしながら、ポピュリズムの第三の波の担い手たちは、社会主義思想を用いる傾向を示している。エボ・モラレスの設立した政党が社会主義運動（ＭＡＳ）と呼ばれ、ウゴ・チャベスの設立した政党はベネズエラ統一社会主義党（ＰＳＵＶ）と名乗っているのだ。これは、左右の分断を超えたところにみずからを位置づけようとしたポピュリズムの第一の波と明確に異なる。第三の波のすべてのポピュリズムの指導者はみずから急進的な左翼を演じ、自由市場と戦うと主張し、貧民に真の進歩をもたらす新しい発展モデルを構築することを目指したのである。

このポピュリズムの左翼的言説が人心を惹きつけたのは、二十世紀最後の二十年間にラテンアメリカで実行された新自由主義的改革から生じた社会的不満に関係している。その改革はマクロ経済的な安定を生む一方、その地域のほとんどすべての国々における高水準の社会経済的不平等を減らすのにはなんの役にも立たなかった。第三の波のポピュリズムの担い手たちは、不平等という論点を政治化し、権力をもつエリートを非難することで際立つ存在になることができたのである。さらに、これらの指導者は社会主義とポピュリズムの理念を組み合わせることで、排除され差別されてきたすべての人びとという、汚れなき人民の包摂的な概念を編み出した。このことはとくに「エスノポピュリスト的」言説を唱導したボリビアのモラレスのケースに明らかである。それは国の多民族的特徴を認めるが、差別されてきた先住民の集団を優遇する政策を実行する必要性を強調するものだった。

腐敗したエリートにかんして、第三の波のすべてのポピュリストたちは、自分たちの国はみずからに有利になるように競争のルールを運用する不正なエスタブリッシュメントによって統治されてきたと主張する。結果として、彼らが論じるのは、新憲法の制定を担う――それは国民投票で承認されなければならないが――「制憲議会」の設立を通じて主権を「人民に戻す」時が来た、というものだった。三人の指導者(チャベス、コレア、モラレス)はすべて、権力を握るやこの種の憲法改正を実行に移した。最近の展開が示しているのは、新憲法はただ古いエリートの権力を減じるだけでなく、野党がポピュリズム政権に対して自由で公正な仕方で競争する範囲もひどく制限したということである。

ヨーロッパ

二つの元祖農民ポピュリズム運動のひとつが十九世紀終わりのロシアに現われたとはいえ、

ポピュリズムは二十世紀のヨーロッパでは比較的周縁的な存在にとどまった。ロシアのポピュリズム（ナロードニキ運動）は、封建制の帝政ロシアにおける農民階級の苦難を受けて登場した。それは民主的改革によって地主制度と農業の商業主義化の両方から農民を保護することを要求した。しかし、合衆国のポピュリストが政治的な大衆運動を生み出すことができたのに対して、ロシアのナロードニキはおもに都市のインテリ層の小さな文化的運動を超えて広がることは決してなかった。一八七四年から一八七七年のあいだ、「人民のもとへ《ヴ・ナロード》」運動は、「エリート」に対して「人民」を動員するため地方に拡散したが、農民階級はたいてい彼らを受け入れようとはしなかった。彼らの二つの主要組織である「人民の意志」と「黒い割替」は、一八八一年に前者の若い構成員がアレクサンドル二世を暗殺したあとに衰退していった。

ナロードニキはロシアで失敗したが、二十世紀初頭の東ヨーロッパに存在した農民運動の多くを生むきっかけとなった。これらの運動は、北アメリカの人民党にきわめてよく似た農民ポピュリズムだった。そこでは、農民は社会の基礎である道徳と農業中心の生活の主要な源泉とみなされた。彼らは都市エリートとその中央集権的な傾向や資本主義の物質主義的原理に激しく反発し、その代わりに小さな家族経営農場の保護と自治を主張した。農民ポピュリストは東ヨーロッパの田舎地域で一般大衆のあいだで人気があったが、地主や軍隊のエリートに導かれた権威主義国家のなかでは政治権力からたいてい排除され続けた。

共産主義とファシズムは、とくにその動員段階において、大衆の支持を生み出そうとしてポピュリズムに軽く手を出した。しかし、両方とも基本的にはポピュリズム的というよりもエリート主義的なイデオロギーや体制とみなされるべきである。これはなによりファシズムのケースにおいて明確で、さまざまな点で人民というよりも指導者（総統《フューラー》）と人種（国家社会主義）ないし国家（ファシズム）を称揚するものだった。共産主義はそれよりは人民に軸足を置くものである一方、マルクス・レーニン主義はとくに強いエリート主義的な核心をもっており、共産党は人民（すなわち労働者階級）の前衛党であり、人民のあとに従うというよりは導くのだと宣言した。さらに、「階級闘争」や、とりわけ「虚偽意識」といった基本的な理念は、ポピュリズムと正反対のものである。

　第二次世界大戦後の最初の数十年のあいだ、ポピュリズムはヨーロッパ政治においてほぼ完全に姿を消していたという点で研究者の見解は一致する。東ヨーロッパは共産主義体制の統制のもとで、非効率だとしても強力な官僚制が強力な指導者（スターリン）に取って代わる一方、ファシズムと共産主義に怯えた西ヨーロッパは、イデオロギー的中庸に基づいて民主国家を再建しつつあった。いくつかのポピュリズム運動は散発的に現われたが、おもに農業部門の集権化と政治化に対する田舎の保守的な反発を表わすものだった。数少ない成功したポピュリズム政党のなかには、フランスにおけるピエール・プジャード（一九二〇～二〇〇三年）の商工業防衛同盟（ＵＤＣＡ）があった。一九五六年のたった一度の国政選挙でうまく戦ったにすぎないが、いわゆるプジャディストはフランス政治に持続的な影響をもたらしたのである。事実、

「プジャード主義」という用語は、フランスをはるかに超えてポピュリズムの同義語となった。

一九九〇年代後半になって初めて、ポピュリズムはヨーロッパのなかで問題とされる政治勢力となった。ヨーロッパ統合や移民といったヨーロッパの政治と社会のより古くかつ新しい変容の影響に対する欲求不満に応えるかたちで、急進的な右翼ポピュリズム政党がヨーロッパ大陸の各地に現われ、レベルはさまざまだが選挙に勝利し政治的に成功したのである。これらの政党はポピュリズムを二つの別のイデオロギーと結びつけた。権威主義と移民排斥主義である。前者は厳しく規律された社会への信奉を指し、「治安」という論点の強調のなかに表現される一方、後者は国はその土地の集団の構成員（「国民」）だけによって住まわれるべきだと考え、その土地の人間でない（「よそ者の」）要素が同質的な国民国家を根本的に脅かしつつあるという考えを暗に示している。したがって、現代ヨーロッパのポピュリズムの外国人嫌悪という特質は、人民の民族的で排他主義的《ショーヴィニスティック》定義に依拠したきわめて特殊な国民概念に由来するものである。これはつまり、ポピュリズム、権威主義、そして移民排斥主義が今日のヨーロッパにおいてある種の便宜的な結合を経験しているということを意味している。

典型的な右翼ポピュリズム政党は、一九七二年にＵＤＣＡの代議士だったジャン゠マリー・ルペンが創設したフランスの国民戦線（ＦＮ）である。ルペンは組織化されていないエリート的な極右を、組織された急進的な右翼ポピュリズム政党に変貌させ、ヨーロッパ中の政党や政治家に着想を与えることになった。ルペンは、「あなた方が考えていることを言う」と主張し、

3　ナイジェル・ファラージがイギリスのパブで一パイントのビールを手にメディアにポーズを取っている。彼は英国のＥＵ離脱を問う国民投票（ブレグジット）の賛成派の主要なリーダーとして、「人民」の思想と利害に同調するイギリスの一介の「庶民」を演じようとしている。

ＦＮを「四人組《ギャング・オブ・フォー》〔文化大革命にちなんだ表現〕」、すなわち当時の四つの既成政党に対抗させたのである。急進的な右翼ポピュリズム政党はまた、福祉の排他主義《ショーヴィニズム》という経済的課題とＥＵ懐疑主義という外交政策的課題において、移民排斥主義とポピュリズムを結びつける。彼らは、エリートが移民、新しい有権者と言われる者たちを組み入れることで福祉国家を破壊したと非難し、「自国民」第一の福祉国家を要求する。外交政策にかんしては、国のエリートが己の国や人民をＥＵ、すなわちコスモポリタンなエリートにだけ仕える「官僚的、社会主義的、非民主的なモレク〔セム族の神〕」に「売り払う」

と言って攻撃するのである。

ナショナリズムのサブカルチャーから生じがちな移民排斥主義的なポピュリズムの急進的な右翼に加えて、「フォルツァイタリア」（ＦＩ）やイギリス独立党（ＵＫＩＰ）といった新自由主義的なポピュリズム政党が政治の主流からいくつか現われた。高額な税金や福祉国家の増大する費用、そしてそれらに与する主流の右派政党に苛立ちを募らせた彼らは、政治制度やエリートをポピュリズム的に強く批判しながら、減税と自由貿易といった新自由主義的な政策を主張したのである。彼らは、北アメリカの同類のように――より穏やかな解釈であるけれども――生産者主義に与し、エリート（すなわち主流の政党や労働組合）を批判した。つまり、その批判は、真面目に働く庶民を不必要な法律や高額な税金によって失望させる一方、公共部門の労働者や移民といった援助に値しない非生産的な有権者に報酬を与えている、というものだった。

共産主義の終焉は、中央ヨーロッパと東ヨーロッパの各地でポピュリズム的感情を解き放った。市民社会が共産主義体制の転覆に重要な役割を果たしたのは東ドイツやポーランドといったわずかな国でしかなかったが、「われわれが人民だ」というポピュリズム的スローガンが「革命」のなかで流行した。ポピュリズム的感情は建国選挙、すなわち共産主義後の東ヨーロッパにおける最初の自由で公平な選挙においてとりわけ強まった。その選挙で、広範な統括政党（umbrella party）が共産党の「エリート」に対して「人民」を代表した。たとえば、チェコの統括政党「市民フォーラム」（ＯＦ）の公式スローガンは、「政党は党員のために、市民フォーラムはすべての人のためにある」だった。多くの統括政党は建国選挙のあと間もなく分裂し、左派や右派や中道派のもっと小さなポピュリズム政党ができる余地が生まれた。多くはいわゆる即席政党（flash party）で（今日あっても明日にはない）、誰か特定の著名人と結びついたものだった。初期の共産主義後のポピュリズム的な即席政党の最たるものは、素性のはっきりしないカナダ系ポーランド人実業家のスタニスワフ・ティミンスキの政党Xである。彼が一九九〇年の大統領選において二回戦に進むことで誰もが驚いたが、決選投票で反共主義の労働組合「連帯」の伝説的な指導者レフ・ワレサに敗れた。

ポスト共産主義社会は二重の（経済的かつ政治的）移行、またいくつかのケースでは三つ目の変容である新しい国家の建設にともなう国家の移行に苦しむなか、新しいポピュリズムの担い手たちは「盗まれた革命」という言説を使って高まる政治的不満を利用しようとした。彼らは、新しい民主主義エリートたちが古い共産主義エリートの一部をなしているか彼らと共謀していると言って非難したのである。結果として、その担い手たちは腐敗した共産主義後のエリートを排除し、最終的に人民に権力を与える新しい「真の」革命を訴えた。驚くべきことではないが、こういった言説は、協定を経て移行した国々、つまりデモクラシーが共産主義体制の代表と民主主義の反対派のあいだの協定の産物である国々でとりわけ人気があった。たとえば、ハンガリーの「フィデス・ハンガリー市民同盟」やポーランドの「法と正義」（P i S）は、まだ真の革命が起きなければならないと長らく主張したのである。事実、フィデスは二〇一〇年に圧倒的多数を獲得したとき、憲法を改正したが、その際に「われわれは一九八九年にしたかったことを一度もできなかった」と論じたのである。

ヨーロッパ内ではポピュリズムがおもに右翼のものであり続けるなかで、大不況は左翼ポピュリズムに新たな勢いを与えた。ギリシャではおびただしい数の急進左派団体が、経済的荒廃によって新しい左翼ポピュリストの急進左派連合（スィリザ）として団結する決意を固めたのである。一方、スペインでは、「怒れる者たち」（インディグナードス）の抗議活動が新党「われわれはできる」（ポデモス）の誕生に道を開いた。この左翼ポピュリズムは、北米のオキュパイ運動に非常によく似ているが、それぞれの担い手は自分たちの具体的な敵と語彙をもっている。スィリザにとってEUはエリートの重要な部分であり、一方でポデモスはおもに「ラ・カスタ」（国家の政治エリートに対して用いる軽蔑用語）に反対する。ヨーロッパの左翼ポピュリズム勢力も、EUに対して懐疑的になる傾向があるが、その理由は国家（主義）的というよりも社会（主義）的である。たとえば、彼らはいわゆるトロイカ――欧州委員会、欧州中央銀行（ECB）、そして国際通貨基金（IMF）――によって課される緊縮財政措置に強く反対する。

三つの主要地域を越えて

ポピュリズムは、他の地域、なかでも注目すべきは東南アジアや中東やサハラ以南のアフリカの新興民主国家に広がりつつある。これらのおもに選挙制度のある民主国家のなかで、ポピュリズムは支配勢力と反対勢力の両方に見いだすことができる。これらの地域のより広範に及ぶ経済的・社会的・政治的な多様性を考慮すれば、明確な傾向を特徴づけるのは困難だが、ポピュリズムの担い手たちが共有する一定の特徴を特定することはできる。

もっとも明らかなポピュリズム的伝統を有する地域は南洋州、より具体的にはオーストラリアとニュージーランドである。両国では一九九〇年代、その時期の西ヨーロッパの政党にとてもよく似た右翼ポピュリズム政党が台頭した。「ニュージーランド・ファースト」（NZF）と「ワン・ネイション」（ONP）は、増大する移民と新自由主義的な福祉国家改革に対して募る欲求不満から生じた。両党は、「その土地の」住民を代弁すると主張するが、ONPはオーストラリアの白人入植者の子孫の利害を弁護し、先住民族には批判的であるのに対して、NZFは主としてニュージーランドの土着のマオリ族の代弁者として現われた。

東南アジアでは、いわゆる「アジアの虎」の目覚しい台頭に終止符を打つことになった一九九七年のアジア経済危機の結果としてポピュリズムが現われた。とくにその地域の新興民主主義諸国において、ポピュリズムの担い手が今や信用を失った古い指導者や政策に対して広がる不満を言葉に表わした。ポピュリストたちはナショナリズムとポピュリズムを結合させながら、新自由主義的「グローバル化」とこういった政策を実行してきた国家エリートを攻撃した。フィリピンのジョセフ・エストラーダや韓国の盧武鉉《ノムヒョン》のようなポピュリズム的「アウトサイダー」でさえ、大統領になんとか選出されたのである。もっとも、彼らの任期は比較的短く不成功に終わったけれども。「即席のポピュリスト」の最たる典型例は、おそらく台湾における「人民の大統領」となった陳水扁《チンスイヘン》である。彼の「全民政府」〔党派を超えて適材適所を目指した内閣〕は、わずか五カ月で崩壊した。東南アジアのもっとも著名なポピュリストは、間違いなくタクシン・チナワットである。彼は広がる国民の抗議デモと軍事クーデタの後にタイの首相の地位を追われたが、妹のインラックは彼の計画を引き継ぐことができた。

アフリカでは、ポピュリズムはきわめて稀で、多くの国はなお権威主義的かせいぜいかなり欠陥のある選挙制度をもつ民主国家かのどちらかである。他のほとんどの地域と比べて、ポピュリズムはおもに権威主義的政治家、たとえばウガンダ大統領ヨウェリ・ムセベニやザンビア大統領マイケル・サタと結びついたものであり、彼らのポピュリズムはエリート間の権力闘争の一部である。ムセベニは、国民投票のようなプレビシット的制度に基づいた「無政党システム」を導入し、独立した裁判所のようなリベラルな民主的制度に強く反対した。最高裁がそのような国民投票は無効だと宣言したとき、彼は完全にポピュリズム的な表現でこう切り返した。「政府は、人民から権力を奪うような、裁判所を含むいかなる権威も認めることはないだろう」。その大陸の数少ないリベラルな民主国家である南アフリカの例外的なケースでさえ、ポピュリズムは主としてエスタブリッシュメントの内から現われた。ジュリアス・マレマは、第一党である「アフリカ民族会議」（ＡＮＣ）反主流派のポピュリズム的代弁者として、二〇〇八年から二〇一二年にかけてANC内の青年同盟の議長を務めた。しかしながら、彼は激しいレトリック、問題のある行動、論争的な政策提言のために二〇一二年にANCから追放され、その後「経済的解放の闘志」（EFF）という名前の新しい政党を作った。

最後に中東では、ポピュリズムは旧体制、なかでも注目すべきはエジプトのガマール・アブドゥル・ナセル（一九五六〜一九七〇年）やリビアのムアンマル・カダフィー（一九六九〜二〇一一年）と結びついたものだったが、二十一世紀になってようやく同地域の政治にとって欠かせない一部分となった。イスラエルとトルコのようにデモクラシーがより根付いた国では、ポピュリズムは与野党とその政治家の特徴であり、それにはイスラエルで長らく指導者の立場にあるベンヤミン・ネタニヤフやトルコのレジェップ・タイイップ・エルドアンが含まれる。今日では「アラブの春」として広く知られるものとなったさまざまな「革命」は、ポピュリズムそのものというわけではないけれども、ポピュリズム的レトリックがその参加者の多くの動員には不可欠なものだった。チュニジアからエジプトそしてイエメンまで、アラブの春と結びつけられたスローガンのひとつで、デモ行進で叫ばれたのは、「人民は体制の崩壊を欲する」だった。

時代と場所を超えるポピュリズム

おおよそ百五十年で、ポピュリズムは帝政ロシアの小さなエリート集団とアメリカの地方の広範ではあったが組織化されていない集団から、全世界を覆うような政治現象へと拡大した。その台頭は、世界のデモクラシーの増大と密接に関連している。ポピュリズムとデモクラシーは十九世紀の終わりにはかなり稀な現象だったが、今日では両方とも広く受け入れられている。このことは、二つが必然的に結びつくことを示していない。というのも、ポピュリズムは権威主義体制のなかにも存在しうるし、多くの民主主義国家には問題となるポピュリズムの担い手がいないからだ。しかし、ポピュリズムは人民の一般意志を称揚するイデオロギーとして、選挙民主主義の可能性と自由民主主義《リベラル・デモクラシー》に対する欲求不満の両方とともに、世界中で覇権を広げるデモクラシーの理想を利用している。

すべての政治現象は、多かれ少なかれ独自の文化的・政治的・社会的情況の産物であり、ポピュリズムも例外ではない。それゆえ、ポピュリズムは非常に多様なかたちで現われる。ポピュリズムが最終的にどういった形態をとるかは、それが活動する情況のなかでもっとも有力な社会的不満と関連している。ポピュリズムの担い手は、支配的な政治勢力が意図しようがしまいが十分に取り扱っていない社会的不満を探し政治問題化するエキスパートである。しかし、ポピュリズムは非常に基本的な理念の集合なので、主要《ホスト》なイデオロギーと必然的に結びついて現われる。それは、政治的情況のより広い解釈を提供し、大規模な集団の利害関心を惹きつけるためにきわめて重要である。そうしたポピュリズムと主要《ホスト》なイデオロギーの結合こそが、「人民」と「エリート」にかんする特定の解釈を生み出すのである。その解釈は典型的には、国の情況に結びついたものだが、その一方で、それぞれの地域の現象は、現代ヨーロッパの急進的な右翼ポピュリズム政党やラテンアメリカの現代版の急進的な左翼ポピュリストのように、きわめて似通ったポピュリズムの担い手の波を作り出すことがありうる。

第三章　ポピュリズムと動員

本書で示したポピュリズムの定義からは、政治の担い手が大衆を動員するのにそれをどう利用しうるかはあまりわからない。〔そこで〕われわれは、ポピュリズムの動員のあり方が多様であることを明らかにすることで、特定のポピュリズムの動員がなぜ選挙で他に比べて成功し、また持続するのかをよりよく理解できるようになる。話を進める前に、ポピュリズムが一般的には強い（男性）指導者と結びつき、イデオロギー的な計画というよりもカリスマ的人物の魅力が彼の支持の基礎にあることに注目しておく価値はある。ただ、カリスマ的（男性）指導者がポピュリズムにとって重要である一方で、ポピュリズムの動員は必ずしもカリスマ的指導者と結びつくわけではない。本書では、古今東西のポピュリズム勢力の事例にかんして手短に検討することで、ポピュリズムがさまざまな形態の動員と結びつくことを示す。

動員とはつまり、さまざまな個人がある特定の問題にかんする意識を高め、最終的に自分たちの大義を支持するために集団で行為するよう、彼らを社会参加させることを意味する。全部で三つのタイプのポピュリズムの動員を特定することができる。個性的《パーソナリスト》〔＝属人的〕なリーダーシップ、社会運動、政党である。政治の担い手の多くはちょうどこれら三つのカテゴリーのひとつにきっちりと分類できるが、なかには一定期間または長期にわたって二つか三つの特徴をもつものもある。これら三つのタイプが示すように、ポピュリズムの動員はトップダウン（個性的なリーダーシップ）でも、ボトムアップ（社会運動）でも、その両方（政党）でもありうる。ポピュリズムの担い手が動員を行なう方法は、彼らがそのもとで活動する政治制度によって部分的に決められるが、その一方で、彼らの成功が持続するかは動員のタイプに強く影響されるものである。

個性的なリーダーシップ

ポピュリズムの動員の典型は、たいてい既存の政党組織からは独立して運動し、自身の個性によって惹きつけることで支持を集める個人のそれである。エクアドルのラファエル・コレアやオランダのピム・フォルタイン、ペルーのアルベルト・フジモリやイタリアのベッペ・グリッロ、米国のロス・ペローやタイのタクシン・チナワットのことを考えてみればよい。これらすべてのケースで支持者のほとんどは、純粋にトップダウンで動員を行なう指導者に個人的な（人格化された）結びつきを感じたのである。指導者は、たいてい強力な政治的ないし社会的な組織を介することなく、支持者に直接アクセスする。トップダウンの動員は、ポピュリズムの指導者に特有のものではないが、彼らには他に比べて明らかにそういった傾向がある。

　このポピュリズムと個性的なリーダーシップの経験的な相性の良さは、どこから来るのだろうか。この問いに対する答えの一部は、「汚れなき人民」と「腐敗したエリート」を同質的な集団とみなす一連のポピュリズムの理念の性質にある。それをもとにポピュリズムの担い手は、〔自分が〕人民そのものの（明らかに「人民」の他のどのメンバーでもなりうるような）化身だと主張することができる。いくつかのケースでは、ポピュリズムの担い手は政治運動の核心であるだけでなく、その政治的アイデンティティの核心でもある。まさにベネズエラのチャベスモやオランダのフォルタイン主義、アルゼンチンのペロン主義のことを考えてみればよい。

　とはいえ、ほとんどのケースでポピュリズムの担い手は自身の周りに一種の政治組織を設立し、しばしば選挙でうまく戦うための必要悪とみなす。専門的にいえば、この組織は政党、すなわち、公職の選挙に一人以上の候補者を立てる政治集団である。しかし、多くの場合、組織はたいていうわべのもので、構成員も委員会も内部組織もほとんどない。そのため、本書ではこの種のエセ組織を属人的《パーソナリスト》な選挙手段と分類したい。すなわち、それは多かれ少なかれその場限りの非力な政治組織で、選挙で戦うという特定の目的のために強力な指導者によって設立され完全に統制されるものである。

　ポピュリズムの担い手は属人的な選挙手段を開発することで、強力などの政治組織とも結びつくことなくみずからをクリーンな担い手として演じることができる。つまり、自身と「人民」

を媒介するものがなにもないがゆえに、彼は「市井の人」の声の代弁者でありうるのだ。たとえば、コレアが二〇〇六年のエクアドルの大統領選挙で勝利したのは、エスタブリッシュメントを否定し、議会に候補者を立てない新しい政党を創設することによってだった。コレアは政党は不正な組織だと指摘した。彼が約束したのは、新しい憲法を起草することであり、そのために制憲議会を召集し、人民主権を尊重するとされる制度的枠組みを構築する任務を担わせることだった。同様な指導者個人による動員の形態は、オランダのヘルト・ウィルダースにみられる。彼は実際には属人的な選挙手段にすぎない政党を設立した。ウィルダースは自由党（PVV）の唯一の党員として、さまざまな立法府で党を代表するのを許されるのは誰で、どう行動し投票すべきかを決定するのだ。

個性的なリーダーシップは世界中で見られるが、ラテンアメリカのような特定の地域でより普及している。ラテンアメリカのポピュリズムの三つの波を通じて、つまり第一の波のペロンから第二の波のフジモリ、そして第三の波のコレアまで、典型的な動員の形態は個性的なリーダーシップだった。これは韓国や台湾のような、ポピュリストがうまく動員を行なった非西洋諸国のほとんどのケースでもそうである。これらの国々に共通しているのは、大統領制をもち、政党が制度上比較的弱い発展途上の民主国家だということである。

事例――ペルーのアルベルト・フジモリ

一九八〇年代の終わりに、ペルーは深刻な経済危機だけでなく毛沢東主義者のゲリラ運動「輝ける道〔ペルーの極左武装組織＝センデロ・ルミノソ〕」の台頭にも直面した。こういった状況下で、全く知られていなかった人物であるアルベルト・フジモリがポピュリズム運動を展開、国を脅やかす劇的な危機を理由にエスタブリッシュメントを非難し、みずからも腐敗したエリートを除去することを欲する「汚れなき」人物を演じることで権力を握ったのである。フジモリは自身の日系というバックグラウンドを強調することで、みずからは白人エリートとは結びつきをもたないアウトサイダーであり、よって「人民」の多数派のように人種的差別を経験してきた者であるという枠組みを用いた。彼の選挙運動のスローガンのひとつが、「あなたのような大統領」だったことは偶然ではない。このスローガンは、主要な対抗馬だった著名な作家マリオ・バルガス・リョサ——ペルーの文化的・政治的エスタブリッシュメントのよく知られたメンバーで、二〇一〇年にはノーベル文学賞を受賞した——に対する巧妙な攻撃となった。

フジモリは、一九九〇年に大統領に選出されたが、自身の支持政党をもつことはなく、議会をコントロールする手段をもたなかった。彼はほとんど共通点のない二つの小さな組織——小さな実業家協会とプロテスタント福音派のネットワーク——からなる「変革九〇《カンビオ》」という属人的な選挙手段を作った。変革九〇のために働く人びとがあまりに取るに足らず経験もなかったので、フジモリは最初の内閣に党のメンバーからは一人も入れられなかった。彼は、党派に属さない者や現役もしくは退役した軍高官、また他の政党所属の数人で内閣を構成することを選んだのである。
フジモリは一九九五年の国政選挙を戦うため、「新たな多数派」という名の新党を設立し、議会で過半数を得たが、議員のほとんどすべてはフジモリと彼の腹心が精選した政治の素人だった。一九九八年の地方選挙での芳しくない結果のあと、彼はまた別の新しい政党を二〇〇〇年の国政選挙のために作ることを決め、今度は「ペルー二〇〇〇独立戦線」と名づけた。フジモリは、ひどく腐敗したやり方で大統領職を得たが、議会では過半数を確保することができなかった。結果として、彼はみずからの政府を支持するよう野党の議員を組織的に買収し始め、それが彼の失脚につながった。買収の取り調べが進められるなか、フジモリはペルーでの投獄を逃れるため数年間滞在することになる訪問中の日本で、大統領職を辞する旨をファクスで送付した。

概して、フジモリはきわめて弱く完全に彼自身の統制下にあった政治組織を使って選挙を戦った。結果として、彼の娘であるケイコが数年後政界進出を決めたとき、事実上ゼロからみずからの新党を作らざるをえなかったのである。そのなかには、「フジモリスタ〔フジモリを支える〕」政府を支持しまたそのなかで働いた指導者何人かが含まれてはいたが。ケイコ・フジモリが父親の政権に共感する地方エリートや草の根組織を結びつける共通のアイデンティティを構築することができたのは、新党「人民の力」を通じてだった。

社会運動

示威運動、デモ行進、集会は現代社会では通常の政治現象である。それらは、個人が権力者に圧力をかけるために団結する政治的動員の代表例だ。抗議が一過性の出来事ではなく長く続く場合、本書ではそれを社会運動として扱う。社会運動は通常、非公式のネットワーク（あるいは「ネットワークのネットワーク」）と評されるが、その特徴は明確な敵をもち、共通の目的に向かって集団行動を促そうとする個人と政治集団の継続的な参加にある。（新しい）社会運動の象徴的な例としては、一九六〇年代アメリカの公民権運動と一九七〇年代の西ヨーロッパの環境運動が含まれる。

　社会運動は、共有されたアイデンティティと共通の敵を用いて、ある目的を追求する非制度的な集団行動に参画する人びとを結びつける非公式のネットワークである。それは従来的な選挙行動に対して非制度的な集団行動を好むが、それは多くの場合、政策決定過程へのアクセスを欠いていることに起因する。したがって、社会運動は政党や利益集団のいずれとも異なる。というのも、それらは通常公式の組織をもち、日頃から政策決定過程に参加しているからだ。

　共通のアイデンティティと共通の敵を定義しようとする場合、社会運動は社会に影響を及ぼすもっとも重要な社会的不満を特定する枠組みを開発しなければならない。社会運動は枠組みを構築する過程で、通常さまざまなイデオロギー的構成に頼ることになる。たとえば、労働運動はしばしば枠組みを構築するためにマルクス主義の理念を使用し、その際に財界は共通の敵として描かれ、労働者は虐げられた人びとと評された。社会運動が枠組みを構築するのにポピュリズムを利用することを妨げるものは何もない。しかし、それが利用される場合が多いというわけではない。ほとんどの社会運動は、学生や女性、労働者などの個人からなる特定の集団の共通のアイデンティティを編み出そうとする。逆に、ポピュリズムはひとつの同質的なカテゴリーとしての「人民」について語る。すなわち、それは個人の幅広い集団――社会全体ではないけれども――が「腐敗したエリート」によって盗まれた主権を回復するために行動すべきだという前提をもつ理念の集合なのである。結果として、ポピュリズムは特定の有権者（すなわち「人民」のサブグループ）を標的にした枠組みの構築にとって有益というわけではない。

ポピュリズムの社会運動について興味深い面は、それらがボトムアップの動員の代表例だということである。事実、ポピュリズムの社会運動は通常、集権化された指導体制や圧倒的な指導者を欠いている（指導者がいないということを必ずしも意味しないが）。特定の人物が時として重要な役割を果たすことはあるが、ポピュリズムの社会運動の主たる力は、エスタブリッシュメントに対して広がる怒りの感情を解釈し、その解決策が主権者たる人民にあるともっともらしく提案できるかどうかで決まってくる。結果として、多様なエスタブリッシュメント集団側にいる高い地位の個人が関与する重大な汚職スキャンダルのような出来事、あるいは人民主権の原則の深刻な侵害が、ポピュリズムの社会運動の発生に好都合となる。逆に、特定の集団が被差別感情をもったり（たとえば若者）、限定的な政策部門（たとえば環境政策）を改革することを目的としたり、といったような政治情況は、ポピュリズムの社会運動の台頭を誘発することはあまりない。

現代世界を見てみると、大不況が世界中で非常に多様なポピュリズムの社会運動の台頭を促してきた。アメリカ合衆国のオキュパイ・ウォールストリートやスペインのいわゆるインディグナードスは、その良い例である。前者は「われわれは九十九パーセントである」というスローガンを開発する一方、後者のモットーは「今こそ真のデモクラシーを、われわれは政治家や銀行家所有の商品ではない」だった。両方の社会運動は明らかにポピュリズム的調子を帯びており、「政治的カースト」（ラ・カスタ）と財界を「腐敗したエリート」と表現し、一方で同質的な人民（九十九パーセント）を政治的正統性の唯一の源泉と定義した。両〔左派〕運動は、もっとも周縁化された——民族、宗教、性差を含む——少数派を包摂した「人民」の定義を編み出そうとする一方、利害や価値観の点で「エリート」を道義的に排除することは、政治的右派のより排他的なポピュリズム運動の場合と同様、不可欠だとした。

事例——アメリカ合衆国のティーパーティー

運動の高まりはずっと以前に遡るが、多くのよくある説明によれば、ティーパーティーの起源はCNBC〔ニュース専門放送局〕の司会者リック・サンテリが、二〇〇九年二月にシカゴ・マーカンタイル取引所の立会場で放送中に行なった暴言にある。サンテリは、民主党のバラク・オバマ大統領の緊急財政支援政策に抗議して——その政策は共和党の前任者ジョージ・W・ブッシュによって開始されたものだとしても——立会場のトレーダーに向かって「新たなティーパーティーのときだ」と叫んだのだ。それは、一七七三年のボストン茶会《ティーパーティー》事件、すなわち、アメリカ革命の前兆となった英国政府に対する反租税運動を指したものだった。このメディアでの事件が、その生まれたばかりの運動を盛り上げたのは疑いないが、ティーパーティーは多くの点で合衆国における保守的なポピュリズム的憤慨の最新版にすぎない。

ティーパーティー運動は、「繁栄のためのアメリカ人の会」や「フリーダム・ワークス」のような専門的に組織された全国的な保守団体だけでなく、きわめて多くの緩やかに組織された草の根右翼のポピュリズムの担い手や団体、たとえばブロガーの（「自由の鐘」〔ブログのペンネーム〕で知られる）ケリー・カレンダーや「ティーパーティー愛国者《パトリオット》」のもとに形成された。いわゆる草の根と人工芝の団体の連合は、多くの草の根支持者たちが人工芝の専門家たちを腐敗したエリートの一部とみなしていたために、当初から問題を抱えていた。さらに、ティーパーティーが共和党とのつながりをより密接にするようになると——それは決して人工芝の団体のせいではないのだが——、その運動のポピュリズム的部分は全国共通の選挙運動にはますます背を向け、もっと局地的で地域的な選挙戦、とくにアメリカの中西部や南部に目を向けるよう

4　ティーパーティー運動は、二〇〇〇年代終わりの大不況の到来後、アメリカ合衆国で影響力をもつようになったポピュリズム運動である。その草の根組織は、政治家によって直接コントロールを受けることなく、この写真にある二〇〇九年のインディアナ州ミシャワカであったような集会を組織した。

になっていった。

しかし、ティーパーティー運動の草の根の部分でさえ、きわめて多様な主義主張と団体を内に含んでおり、そのなかにはよりリバタリアン的なものや社会的保守主義、宗教的原理主義や白人至上主義が含まれる。多種多様な野心を抱いた指導者たちが登場し、それは右翼のテレビパーソナリティのグレン・ベックから下院議員のミシェル・バックマンまで幅広かったが、全員が独自のサブグループとの結びつきをもち、結果として組織立っていない運動のなかで支持者と少なくとも同じくらい多くの反対者に出くわした。二〇〇八年にジョン・マケインが副大統領候補に指名したことで全国的、国際的に有名になった前アラスカ州知事のサラ・ペイリンでさえ、個々のティーパーティー団体間の争いに巻き込まれ、ティーパーティーの集会で莫大な演説料を（営利目的で）請求したとして強い批判を浴びた。

それ以前の他の草の根ポピュリズム運動のように、ティーパーティーは、そのいくつかの団体が地方レベルでは依然として影響力をもつにせよ、全国での勢力をすぐに失ったが、その理由の一端は全国的な指導力と組織の欠如にあった。それでも、ティーパーティーと密接な関係にあった共和党の指導者の何人かは、二〇一六年の大統領予備選で競い合うことができた（たとえば、テッド・クルーズ、ラン・ポール、マルコ・ルビオ）。もっとも、その運動の土台の大半は共和党のアウトサイダーであるドナルド・トランプを支持したのだが、ティーパーティーが共和党の指導部や党の支持基盤の両方に対して近い将来どれほど多くの影響を与えるかについては議論の余地がある。しかし、トランプは明らかにティーパーティーのポピュリズム的右翼のレトリックの要素をいくつか使うことができ、それによって支援者を動員し、二〇一六年の大統領選に勝利したのである。

アメリカの政治学者E・E・シャットシュナイダーが、政党がなければ民主制《デモクラシー》はもちえない、と述べたのは有名である。これは少し誇張したものにすぎない。現代デモクラシーが政党を条件とする統治形態であることは疑いない。政党は民主制度において少なくとも三つの主要な機能を果たす。第一に、政党は社会のさまざまな層の利害の集約を目指す組織である。第二に、政党は政策綱領を練り上げ、それを有権者――選挙で投票する人を決めるのに政策綱領を評価できる人びと――に公約として示す。第三に、政党は官公庁を通じた改革案の実行と同時に選挙戦への出馬に不可欠な人材を時間と資源を投資して訓練する。

これら政党の三つの主な機能は、政治的代表の過程そのものと密接に関わっている。近代民主制は、有権者が公職者を自由に選び、公職者が有権者を代表し彼らに代わって物事を決定するという特殊な政治体制である。この代表者たちは通常、政党すなわち選挙で候補者を立てる政治組織において活動している個人である。政党は得票を競うなかで、有権者にとってもっとも重要な論点を探し出し、それにふさわしい政策綱領を作成しなければならない。こうして論点を見つけ綱領を作成する過程で、政党の担い手と党員、指導者が密接に交流することになる。結果として、党は単なるひとりの指導者以上のものとなる。制度とイデオロギー双方はひとりの強力な指導者と密接に結びつきうるが、完全に彼に依存するわけではない。それゆえ、党は多くの場合、ひとりの特定の指導者よりも長らえることができるのである。

ポピュリズムがエスタブリッシュメントを攻撃するのに普通使われることを考えれば、それは政治的代表に反するものだと批評家や研究者は論じる傾向がある。そもそもポピュリズムの担い手や有権者は、既存の政党は腐敗した組織だと通常主張するからだ。しかしながら、このことはポピュリズムが本質的に政治的代表と相容れないことを意味しない。ポピュリストが欲するのは、政権を担う自分たちの代表、すなわち「人民」の代表をもつことである。したがって、ポピュリズム政党は、エスタブリッシュメントに異議を申し立て、代表されていないと感じている集団に発言権を与えるためにポピュリズムを利用する。じっさい、ポピュリズム政党の台頭とその選挙での力強さは、既存の政党が意識的か無意識的に十分に扱ってこなかった特定の論点を政治化する能力に直接関わっている。ポピュリズム政党は無視できない存在となり、ある論点を我がものとすることができるようになるやいなや、政治情況のなかに居場所を勝ち取ることになり、他の政党は反応し、彼らの関心を考慮に入れざるをえなくなる。社会運動でもこういうことはできるが、それに加えて票（と議席）を得る能力を有していることが、多くの場合政党をより効果的なものにするのである。

ポピュリズムと政党のあいだにイデオロギー的な緊張があるにもかかわらず、政党はヨーロッパの多くでポピュリズムの動員の典型的な形態である。今日、多数のヨーロッパ諸国は少なくともひとつの成功したポピュリズム政党をもっている。すなわち、ひとつのポピュリズム政党がほぼ三分の一の国々で第一党から第三党のうちにはいっているのである。ポピュリズム政党のいくつかは即席政党のステレオタイプにかなったものだが、これらの多くは、真の政党というよりも個性的な指導者によって作られたその場限りの選挙手段として分類するほうがよい。これはプジャード主義政党という典型的な例や、ラトビア人民運動（ＴＫＬ）のようなより最近のケースの両方に当てはまる。驚くべきことではないが、これらの政党の多くは、オーストリアの「チーム・ストロナック」やオランダのフォルタイン党（ＬＰＦ）のように、指導者にちなんだ名前を正式につけているか、あるいは指導者の名前で一般に知られている。たとえば、ＴＫＬは政党指導者ウェルナー・ヨアヒム・ジーゲリストにちなんでジーゲリスト党としてより広く知られている。

西ヨーロッパの右翼ポピュリズム政党のうち、存在感がより大きなものの多くは、だいたい二、三十年間続いた比較的安定した組織である。なかでも注目されるのは、オーストリア自由党（ＦＰÖ）とスイスの人民党（ＳＶＰ）がそれぞれ一九五六年と一九七一年に創設され、両党はイデオロギー的には変化したものの、組織としての継続性を維持してきたことである。しかし、ＦＮやノルウェーの進歩党（ＦｒＰ）のような「新しい」右翼でさえ、一九七〇年代にまで遡る。一方で、ベルギーの「フラームスの利益［フラームス・ベランフ（Vlaams Belang）］」（ＶＢ）やイタリアの北部同盟（ＬＮ）はそれぞれ一九八〇年代前半と後半に創設された。これらすべての政党は、たいてい青年部のような下部組織をともないながら、ゆっくりとではあるが着実に安定した政党組織を設立し制度化してきた。東ヨーロッパでは、一九八九年の共産主義の崩壊以前に政党はわずかしかなく、ほとんどの政党が一時的で弱体だったが、その東ヨーロッパでさえ、ポピュリズム政党のいくつかはかなり安定しており、よく組織化されている。スロヴァキアの左翼ポピュリズムの「方向・社会民主主義」（スメル）やポーランドの右翼ポピュリズムの「法と正義」（ＰｉＳ）も、その例に含まれる。

事例――フランスの国民戦線

国民戦線（ＦＮ）は、きわめて広範な極右小集団の連合として設立された。それらはネオファシズムの「新秩序」からルフェーヴル派の超正統派カトリック教徒たちまで幅広いが、もっぱらジャン＝マリー・ルペンの有無も言わせないリーダーシップによって団結させられたのである。ゆっくりと活動を開始し、当初はその諸集団の寄せ集めとあまり変わらず、一九八〇年代半ばにはたった一万四千人の党員を数えるのみだったが、その後、ＦＮはブルノ・メグレの有能なマネージメントのもとでみずからの組織を発展させ始めた。一九九九年、同党はルペンとメグレの両陣営の分裂によって大きな痛手を負った。その際、党は有能な党組織者のほとんどと、約三分の二の党幹部を失ったのである。〔ただ〕ＦＮは、マリーヌ・ルペンのもとで再生を経験し、彼女が二〇一一年に父親のあとを継いで党指導者となって以降、たった二万二千人からおよそ八万三千人へと党員をほぼ四倍に増やしたのである。

名目上は民主的な政党の規則があるにもかかわらず、ＦＮの権力構造は極端に集権化されている。党首は党会議によって選出され、まともな対抗馬に直面しうるし実際に直面するが、一度選ばれると権力を極端にもつことになる。マリーヌ・ルペンは、自分が任命しまた彼女に対して責任を負う人びとが率いる無数の広範な組織を通じて、不相応な影響力を行使している。事実、彼女があとを継いだとき、父親は名誉職である「終身代表」と名づけられ、その後にますます公になった父娘の確執のあと、彼が政党から追い出されるのを妨げるものはなかった。除名には党会議での承認が必要であり、ジャン＝マリー・ルペンは党内規則に訴えたけれども、彼がようやく救済されたのは民事訴訟によってであり、裁判所は彼に有利となる判決を下し、彼を元の地位に戻すようＦＮに命じたのだった。

今日、ＦＮの組織は海外領土を含むフランスの至る所に広がっている。それは強力で非常に活動的な青年組織、青年国民戦線（ＦＮＪ）をもち、その会員は約二万五千人を誇る。ＦＮは「在外フランス人」用の組織を擁してさえおり、地理的区分ごとに組織化された十一の支部があり、世界八十カ国に党員がいると公言している。その最大の有権者であるブルーカラー労働者との結びつきをより強めるため、同党はとくにＦＮの理想に伝統的に好意的な部門（警察官や看守）の労働組合をいくつか設立した。労働組合選挙における控えめな勝利は、ＦＮと激しく敵対する伝統的な労働組合によって無効にされたけれども、ＦＮは党員を伝統的な組合やその指導部に「潜入させる」「偽装加盟」という戦略に着手し、次第に成果を上げてきている。

ダイナミックなモデル

ポピュリズムの動員のほとんどの事例は、少なくともある特定の時点（ないし期間）においては、以上の三つのタイプのひとつにきっちりと当てはまるが、多くのケースでポピュリズムの動員はさまざまな段階を踏んでいく一つの過程である。おそらくポピュリズムの担い手が既存の安定した政党を受け継ぎ、それを非ポピュリズム政党からポピュリズム政党へと変貌させる場合を除いて、ほとんどすべてのポピュリズムの動員は、強力な組織的構造をもたずに始まるものである。興味深いことに、これがヨーロッパにおいてますます一般的な経路となりつつある。

ヨーロッパの左右双方の成功したポピュリズム政党の多くは、非ポピュリズム政党として出発した。たとえば、ドイツのポピュリズム政党である左翼党（Die Linke）は、ドイツ民主共和国〔東ドイツ〕の政権与党、エリート主義的なマルクス・レーニン主義組織だったドイツ社会主義統一党（ＳＥＤ）の後継者である。西ヨーロッパのもっとも成功した急進的な右翼ポピュリズム政党の二つ、オーストリアの自由党（ＦＰÖ）とスイスの人民党（ＳＶＰ）は、大きなポピュリズムの派閥は有していたけれども、非ポピュリズム政党として出発した。イェルク・ハイダーやクリストフ・ブロッハーはそれぞれ党首に選出されたあと、既存の非ポピュリズム政党を急進的な右翼ポピュリズム政党に変貌させたのだった。同じことは、アメリカ合衆国で生じたように思われる。ドナルド・トランプは、共和党を右翼ポピュリズム的な選挙運動に取り込み、党をますます自分の方向に突き動かしつつある。トランプにかんして特異なのは、彼が政治家ではなく政治的エスタブリッシュメントとコネのある億万長者だということにある。そうしたコネにもかかわらず、トランプは政治エリートがアメリカ人民の真の問題を理解する能力がないと言い立て、攻撃することに労を厭わない。たとえば、トランプはある公の集会で次のように宣言した。われわれを止めようとありとあらゆることをしている政治的エスタブリッシュメントは、わが国の破滅を招く貿易取引や大量の不法移民、そしてこの国のお金を搾り取ってきた経済・外交政策を担っているのと同一の集団なのだ、と。〔なお、新たな指導者が登場する場合とは異なる〕例外的なケースでは、ハンガリーのヴィクトル・オルバーンとフィデスのように長年務めてきた党首が、非ポピュリズム政党をポピュリズム政党に変貌させることがありうる。

これらの事例が示すのは、指導者がポピュリズム政党内で非常に大きな権力をもちうるということだが、このことはこれらの組織がそういった指導者個人の選挙手段であることを意味しない。彼らが権力を掌握し政党を変容させ、選挙で大きな成功に導いたあとでさえ、ハイダーやブロッハーは自身の政党内からの——ポピュリストと非ポピュリスト双方から——かなり大きな反対を堪え忍んだ。FPÖ（オーストリア自由党）内の反対があまりに激しかったため、ハイダーは結局「自分の」政党を去り、新たな政党「オーストリア未来同盟」（BZÖ）を設立することを選んだ。興味深いことに、彼の地元であるケルンケン以外の有権者のほとんどは、旧党（FPÖ）に忠実に残り、旧指導者を慕って新党（BZÖ）に行くことはなかった。

しかしながら、ほとんどのケースでポピュリズムの動員は既存の政治組織と無関係である。共通のモデルは、個性的な指導者が一時的な選挙手段、すなわち強力なポピュリズムの指導者を中心にしたトップダウンの動員を形成するというものである。多くのケースで、この動員は成功しないか、選挙での躍進を達成したあと間もなく分裂するかのどちらかだ。二、三回の選挙で多少とも成功裏に動員ができるようなポピュリズムの指導者は、どれほどいい加減で嫌々ながらでも政党を作る傾向があり、それによってみずからの権力を強固にし、その実効性を増大させようとするものである。

彼らの圧倒的な支配にもかかわらず、ポピュリズム政党の多くは、選挙で議席を減らしたり、リーダーシップが弱かったりする期間をしばしば経験するとしても、実際は党創設者よりも長く生き残るものである。なかにはFN（ジャン＝マリー・ルペンからマリーヌ・ルペンへ）やFPÖ（ハイダーからハインツ＝クリスティアン・シュトラーへ）のように、ある強力な指導者から別の強力な指導者へ移行することさえある。ほかにも、創設者の死がさまざまな派閥を団結させることに役立ち、ポピュリズム的理念の集合を持ち続けようと試みる政党の設立を目指す場合がある。この事例はラテンアメリカに見られるもので、ペロンの死はアルゼンチン正義党の統合への道を開いたし、一方でチャベスの死はベネズエラ統一社会主義党の強化に寄与したように思われる。

社会運動は、ポピュリズムの動員のやや稀な形態である。もっとも、それはアメリカ合衆国では、十九世紀終わりの農民ポピュリズム運動から二十一世紀初めの左右のポピュリズム運動まで、典型的な形態である。ほかの社会運動のように、ポピュリズムの社会運動は強力な全国規模の指導者や組織をもたない一過性の局地的なものである傾向がある。最近のオキュパイ・ウォールストリート運動は、その短命な社会運動の段階を超えて生き延びることがなかったポピュリズムの典型である。一年以上長続きするポピュリズムの社会運動はほとんどない。生き延びる運動は、ティーパーティーのようなより組織化された団体や、共和党を含む地方および全国の右翼団体の広範で多様なネットワークとの結びつきをもつ傾向がある。

ポピュリズムの社会運動はいったん強力な指導者をもつと、指導者と運動のあいだに緊張関係が生じることになる。とくに指導者が政党を作り、主要な担い手やメディアの注目の大部分を惹きつけることができるとすれば、運動はすぐに勢いを失うことになるだろう。最近、このことがおこったのがインドである。インドにおいては、二〇一一年に重大な汚職がかつてないほど急増した結果、ポピュリズム社会運動「インド反汚職」（ＩＡＣ）が生まれたが、「チーム・アンナ」と呼ばれる五人指導体制の一人アルビンド・ケジリワルが庶民党（ＡＡＰ）を創設し、選挙戦でさまざまなレベルの成功を収め始めると、ほとんど衰退していった。同様に、スペインのインディグナードスは、増大する不平等と汚職に抗議して二〇一一年に登場したが、ポデ

5　エボ・モラレスは、ボリビアの先住民出身の最初の大統領として広く尊敬されている。彼はポピュリズム政権を率い、二〇〇六年に権力を握って以来、主要な左派的改革を実行した。彼のスローガンが「新しいボリビアを作る」と書いてあるのは偶然ではない。

モスによって影が薄くなっていった。ポデモスは、三十人の知識人と著名人が署名した公約に従い、イデオロギー的な抵抗はあったが、政治学教授で党の創設者にして党首のパブロ・イグレシアス・トゥリオンを確たる中心とするようになった。

最後に、きわめて例外的なケースが見いだせるのは現代ボリビアで、そこではポピュリズムの動員の三つのタイプすべてが同時に登場している。エボ・モラレスは、個性的なポピュリズムの指導者だが、彼は新自由主義的政策に反対し、民族集団をもっと代表させるために戦った二〇〇〇年代の社会運動と強い結びつきをもっている。モラレスは二〇〇六年に同国の大統領に選出されたが、彼を支持する政党「社会主義運動」（ＭＡＳ）は、こういった社会運動と密接な関係をもっていたのである。同時に、ＭＡＳは強力な政治組織で、モラレスに忠実でありながらも、さまざまな派閥があり、全国にまたがる制度的構造をもっている。同国の三つのタイプのポピュリズムの動員のあいだには、重大な緊張関係が存在する。たとえば、社会運動によってエボ・モラレスがある改革についてスタンスの変更を余儀なくされることもあった。また、彼が党の絶対的な指導者であり続ける一方、近い将来誰が彼に代わるべきかについて党内で論争が続いている。

〔本章の〕結論

ポピュリストたちは、それぞれの多種多様な仕方で動員を行なう。本章では、ポピュリズムの動員の三つの主要なタイプについて論じた。すなわち、個性的なリーダーシップ、社会運動、そして政党である。とはいえ、二つの重要な問いが答えられずに残されている。第一に、なぜポピュリズムの動員のあるタイプが、ある場所ではほかより優勢になるのか。第二に、これらのポピュリズムの動員のさまざまなタイプは、選挙におけるポピュリズムの成功に影響を及ぼすのか。

最初の問いについて、暫定的な答えを与えることから始めることにしよう。ポピュリズムの担い手は、政治的に孤立した状態で活動することはない。種々の政治情況がポピュリズムの動員の三つの異なるタイプに多かれ少なかれ都合のよい条件を定め、誘因を与えることになる。このように言えるとすれば、おそらくもっとも有意な要因は、ポピュリズムが大統領制か議会制かどちらで生まれるかにある。より一般的には、大統領制が個性的なリーダーシップを強める一方、議会制は政党の出現の誘因となる。結果として、ポピュリズムの指導者は政党に帰属しなくとも、大統領制のなかで注目を集め、行政権力を勝ち取ることさえできる。事実、このことはラテンアメリカで何度も生じたことである（たとえば、ペロン、フジモリ、コレア）。逆に議会制では、行政府を率いる人物は議会に代表されたひとつ以上の政党によって指名される。それゆえ、ヨーロッパのほとんどすべてのポピュリズム勢力が多かれ少なかれよく組織された政党であるのは偶然ではない。

ポピュリズムの社会運動の台頭を分析する場合、大統領制と議会制の区別は決定的に重要であるようには思われない。むしろ、それは他の社会運動のように、「政治的機会構造」（POS［「諸集団が権力にアクセスし政治システムを操作できる程度」（P・エイシンガー）］）が制限された民主国家でおもに発展するものだろう。POSがより制限された制度のなかには、多数派優位の選挙制度、それと関連する二大政党制、また選挙やロビー活動を通じて政治に影響を及ぼすための高い（金銭的な）ハードルがある。このようにして見ると、アメリカでポピュリズムの動員の社会運動タイプが優勢なのは頷ける。ポピュリズムの感情はアメリカ社会内に広がってはいるけれども、政治はたった二つの大政党——共和党と民主党——によって支配され、成功の見込める第三の党の台頭を妨げるのに大いに成功してきたのである。アメリカの主流派の政治家たちは、ポピュリズム的レトリックを頻繁に使ってはいるが、ポピュリズムの動員はティーパーティーのような社会運動において、二つの政党のうちのひとつと密接に関係はしていても実際には政党組織の外でのみ実行可能なのである。

これによって、二つ目の問いがわれわれにとって問題となる。ポピュリズムの動員の形態は選挙におけるポピュリズムの成功に異なる影響を及ぼすのか。この問いに正確に答えるためには、選挙の成功が二つの異なる仕方で定義しうることに留意しておくことが重要である。すなわち、政界（たとえば議会や大統領職）にはいるのに十分な得票を意味する選挙での躍進と、政治システム内で安定した勢力に発展する能力を意味する選挙での持続性（何度も選挙をくぐり抜けられること）である。

明らかに、ポピュリストは個性的なリーダーシップを通じて選挙で躍進を遂げうる。これがとりわけ真実なのは、ポピュリズムの指導者がカリスマ的な人物で、自身をアウトサイダーとして演じる十分な資格と、大衆との直接的な結びつきを確立する能力をもっている場合である。しかしながら、こういったタイプの指導者はたいてい制度を作るのがひどく下手だ。彼らは有能な担い手と職員がいるよく組織された政党よりも指導者個人の選挙用の舞台を組み立てることで、選挙での持続性という点で成功するには深刻な問題を抱えることになる。たとえば、アルベルト・フジモリは、大統領選に三回勝つことができたが、彼の政党はフジモリが二〇〇〇年に国を離れるや、すぐに消滅した。そして、彼の娘は父親の属人的な選挙手段の残骸のなかから政党の建設を試みざるをえなかったのである。

ポピュリズム政党がラディカルな言葉を使うことを考えると、彼らは普通、市民社会の組織やメディアとならんで主流政党の反発に直面しなければならない。これらの反応が強ければ強いほど、ポピュリズム政党が有能な人材を補充するよく機能した組織を発展させることはよりいっそう難しくなる。結果として、ポピュリズム政党はしばしば選挙での躍進は達成するが、選挙での持続性を確立することに失敗する。全国レベルの選挙で大敗しても生き残ることができるポピュリズム政党もあるが、それは特定の地方ないし地域に拠点をもち、そこから党が全国での再生の着手を試みえるからである。ヨーロッパの多くの急進的な右翼ポピュリズム政党には、VBのアントワープやSVPのチューリッヒのように、そうした地元の拠点がある。もっとも極端な例はオーストリアのBZÖ〔オーストリア未来同盟〕で、その連邦議会での全国代表は唯一、ハイダーの地元であるケルンテンの驚くべき支持に基づいているのである。

ポピュリズムの社会運動は、ポピュリズムの選挙における成功に対して両義的な影響力をもつ。たしかに、ポピュリズムの社会運動の台頭によってポピュリズム的な理念の集合が広く知られるようにはなるが、このことが自動的にポピュリズムの担い手の選挙における躍進を導くわけではない。たとえば、オキュパイ・ウォールストリート運動は——バーニー・サンダースやエリザベス・ウォーレンのようなより革新的な民主党議員の選挙戦を支えることはあったかもしれないが――、左翼のポピュリズム政治家の選挙に著しく寄与したという形跡はない。しかしながら、強力なポピュリズムの社会運動がアメリカのティーパーティーと共和党のように既存の政党と結びつき、あるいは一部その政党内で動員を行なう場合は別である。ティーパーティーは、全国政党を掌握することはできなかったが、いくつかの大統領予備選で重要な役割を果たし、州や連邦の議会で共和党の議員のなかにポピュリズム的な代表を増やすのに役立ってきた。

とはいえ、選挙での持続性の最大のチャンスが生まれるのは、ポピュリズムの社会運動が新しい政党を作るか既存の政党を変容させるかどちらかが可能な場合である。事実、もっとも成功したポピュリズム政党の多くは社会運動から生まれてきた。社会運動が、よく機能する政党を設立するのに不可欠となる組織化の資源を提供するのである。ヨーロッパとラテンアメリカの社会主義政党や社会民主政党の台頭において労働運動が及ぼした影響力について考えてみればよい。ポピュリズムの社会運動がポピュリズム政党の選挙での躍進と持続性の両方を生んだ典型的な事例はMASである。その指導者のモラレスは、ボリビアで過去三回連続で大統領選と議会選挙に勝利したのである。

第四章　ポピュリズムの指導者

ほとんどの政治現象において中心となるのは指導者たちであり、やはりポピュリズムも例に洩れない。発現の仕方が多様であること以外にポピュリズムの決定的な特徴となるのは、急進的な改革の法制化をねらって大衆を動かすか自覚を指揮する（もしくはその両方を行なう）、強力な指導者に依存している点だと多くの研究者が論じている。たしかに数々のポピュリズムが発現するなかで、派手で頑強な政治指導者たちが誕生している。ベネズエラ大統領のウゴ・チャベスからオランダの政治家ヘルト・ウィルダースにいたるまで、しばしばポピュリズムを牽引しているのは強力な指導者であり、彼らはその言動を通じてみずからが民の声《ウォクス・ポプリー》であるように見せる。このため、イギリスの政治学者ポール・タガートは、ポピュリズムにおいては「もっとも非凡な個人にもっとも凡庸な人民を率いることが要求される」と述べている。

まず第一にポピュリズムはさまざまの理念の集合であって、じつに多様な担い手によって援用されることがあるため、これぞポピュリズムの指導者の原型というものは存在しない。学術書や一般書でポピュリズムの指導者のステレオタイプとされる、カリスマをもったワンマン的人物は、ポピュリズムの指導者のうち一部の知名度が高い面々について述べたものであるが、ほとんどの場合このような個人が成功を収めるのは、それぞれ特定の社会に限られる。どんな特徴がポピュリズムの指導者の「非凡な」素質とされるかは、指導者が活動する国の政治文化によって、じつに多種多様に細かく変わってくるのである。しかしながら、自分たちを人民の声であると見せる点、すなわち政治におけるアウトサイダーでありかつ本物の庶民代表であるように見せる点は、すべてのポピュリズムの指導者に共通している。このようなイメージは、溢れんばかりの個性の上にポピュリズムの指導者が巧妙に築き上げたものであって、現実を反映したものとはかぎらない。たとえばドナルド・トランプの事例を挙げると、彼は政治の専門知識のない億万長者として二〇一六年の米国大統領選挙に勝利したのだが、さまざまの選挙演説においてみずからを「人民」のために戦うアウトサイダーとし、ヒラリー・クリントンをインサイダーのために戦うインサイダーとした。

カリスマをもったワンマン

学術的な議論においても通俗的な議論においても、ポピュリズムの指導者というものは、カリスマをもったワンマンであると陰に陽に決められている。ラテンアメリカで紋切り型とされるポピュリズムの指導者はカウディーリョ（caudillo）といい、ラテン語の「頭（caput）」を語源とする総称であるが、通常は、どんな官庁からも独立し、いかなる制約も受けずに権力を行使する強大な指導者を暗に意味する。ワンマン的なポピュリストは、「指導者への個人崇拝」を基盤として統治する傾向があり、そうした個人崇拝において彼は男性的で暴力性を秘めた人物として描かれる。

ポピュリズムとワンマン的人物とのつながりは、アルゼンチン大統領のファン・ドミンゴ・ペロンにまで遡れるが、彼は元祖ポピュリストのカウディーリョであり、多くの人びとにとってはいまだにラテンアメリカのポピュリズムの権化とされている。陸軍大佐から文民政治家へと転身したペロンは、権威主義的でもあり民主的でもある政権を何期も担った。より近年のワンマンのポピュリストとしては、ベネズエラの故ウゴ・チャベス大統領の例があり、こちらも軍人から文民政治家への転身に成功した人物である。ラテンアメリカ以外になると、ワンマン的人物は軍歴をもっていないことが多いが、ほかの特徴においては共通するものがある。この例としては、シルヴィオ・ベルルスコーニ元イタリア首相や、ヴラジミール・メチアル元スロヴァキア首相、タクシン・チナワット元タイ首相が挙げられる。

ポピュリズムの指導者とワンマン的人物とのあいだには密接な関連があるが、両者を混同しないことが重要である。じっさい、ワンマン的人物のうちポピュリストは少数派にすぎず、またポピュリストのうちのワンマン的人物も少数派にすぎない。ワンマン的人物を考えるときは、権威主義体制と結び付けられることが多い。アルゼンチンのファン・マヌエル・デ・ロサス

（一七九三～一八七七年）、メキシコのポルフィリオ・ディアス（一八三〇～一九一五年）、スペインのフランシスコ・フランコ（一八九二～一九七五年）といった指導者は、学術書に共通して登場するワンマン的人物の例である。これらの指導者はすべて専制的支配者であり、それゆえけっして民主主義者であるとはみなされていない。だがポピュリズムはデモクラシーと両義的ながらも関係性を保っていることから、ワンマン的人物の権威主義的な特徴はポピュリズムの本質にはあたらない。

みずからを強力な指導者であると見せる政治指導者は多いが、ワンマン的なポピュリストたちはさらにもう一歩踏み込んで、口先ではない行動の男、難しい決断を恐れることなく、「専門家の」勧告に逆らってでも即座に下す者、というイメージを作り上げる。反知性主義のほか、その大部分はみずからが焚き付けたものであることが多いのだが、事態が切迫しているという意識を利用して、ポピュリストはこの（「危機」と称す）状況には「大胆な行動」と常識に基づいた解決策が必要だと説くのである。人生が芸術を模倣する〔オスカー・ワイルドの警句〕ものとしては、フィリピンの俳優出身の政治家である「エラップ」〔「アニキ、相棒」を意味するタガログ語から生まれた愛称〕ことジョセフ・エストラーダが、みずからの政治家像を築き上げるのに、さまざまの映画で演じてきた役を用いていたという事例さえあり、そのどれもが虐げられた貧しい人びとを守る英雄の役であった。

このワンマンのイメージは、ポピュリズムの指導者がもつ生殖力を強調することと頻繁に組

6　シルヴィオ・ベルルスコーニは、一九九〇年代から二〇〇〇年代にかけてイタリア首相を何度か務めたことのある、物議を醸すポピュリズムの指導者である。二〇〇七年に彼はみずからの政党「自由の人民」(Il Popolo della Libertà, PdL) を結成すると、既存の右翼系政治組織であるフォルツァ・イタリアと国民同盟の二党を合流させた。

み合わせられている。たとえばエストラーダは、彼の私生児だと称する若い女性に対して、それは大いにあり得ることである、なぜなら「私と子作りをしたがる女はたくさんいる」からだと返した。精力旺盛な男というイメージを熱心に育むことにかけて、シルヴィオ・ベルルスコーニの右に出るポピュリストはまずいない。対立勢力が彼のブンガ・ブンガ（セックス）パーティーを政治スキャンダルにしようとした際も、イル・カヴァリエーレ（騎士様〔彼の愛称〕）はメディアの注目を利用して自身の生殖力を力説するとともに、パーティーで金を払って売春婦とセックスしたという非難だけは強く否定した。彼はインタビューにおいてこう語っている。「攻め落とすのが好きな者にとっては、攻め落とすことにこそ悦びともっとも甘美な満足があるんです。金を払わなくちゃならないなら、どんな悦びがあるっていうんですか」。

概してポピュリズムの指導者たち、とりわけワンマン的人物は、気取らず下品ですらある言葉遣い、いわゆる居酒屋談義も用いる。彼らは政治や政策よりもスポーツや女性について話すことで、自分が「野郎のひとり」、つまり男らしい男子であるところを見せる。性差別的な紋切り型に訴えかけ、粗野な言葉遣いを駆使して、「庶民」と心を通わせるのである。その完璧な例となるのが、イタリアの右翼ポピュリズム政党である北部同盟（LN）の元書記長、ウンベルト・ボッシであり、彼は「わが同盟はビンビンだ」と言ってローマのある（つまりエリートのいる）方角へ文字通り中指を立て、群衆を盛り上げていた。

ポピュリズムの指導者の特徴として、おそらくもっとも盛んに議論されているのがカリスマである。ドイツの著名な社会学者マックス・ウェーバー（一八六四～一九二〇年）によると、カリスマ的支配とは、個人の非凡な天賦の才（カリスマ）のもつ権威、つまり神がかったお告げや英雄的行為などの指導者個人の資質に対して〔人びとが〕完全に全人的に傾倒したり信頼を寄せることを指す。ウェーバーは、カリスマ的支配が盛んになるのはとくに危機の時代、人びとがもっともよくある権威の源（すなわち慣習や法令）よりも、政治におけるアウトサイダーであることの多いどこかの誰かがもつ、何らかの特質にすがって難を逃れようとするときであると考えた。ウェーバーのカリスマ的支配論はポピュリズム研究に多大な影響を与えたが、必ずしも一般的にはっきりと認知されているわけではない。

世間一般では、カリスマとは指導者に備わっているいくつかの決まった非凡な個人的資質であり、その資質は万国共通のものと理解されている。しかしながら、この資質がどんなものなのかは、大いに議論と混乱が生ずるところである。「人気の」だとか「強い」といった言葉を使ってカリスマの特徴を捉えようとすることがよくあるが、これだと人気について説明する際に結果として同語反復になってしまう。人気のある指導者はその人気ゆえに「強い」と評され、それに対して不人気な指導者は人気がないゆえに「弱い」と説明されるからだ。

ウェーバーの解釈にならえば、カリスマ的支配とは指導者と追従者とのあいだで結ばれる特定の絆が肝心なのであって、どのような絆であるかは、指導者個人の特質と少なくとも同程度には、追従者の期待や認識によって決まる。それゆえ、カリスマについて万国共通の決まった特徴を探し求めても、ほとんど意味がない。むしろカリスマおよびカリスマに含まれる個別の特徴とは、文化によって決まるものであって、たとえばスウェーデンでカリスマ的とされるものと、ペルーでカリスマ的とされるものとでは異なってくるのである。

ここまで述べておきながらもやはり、支持者との直接的なつながりを確立した、カリスマ的なポピュリズムの指導者の端的な例といえるものは、いくつか挙げることができる。もっとも明白な例は、強力な組織にも明確な政治哲学にも後押しを受けずに民衆からかなりの支持を得ることのできたポピュリズムの指導者であり、コロール・デ・メロ元ブラジル大統領やオランダの政治家、故ピム・フォルタインなどがいる。ポピュリストが十分に組織化され明確な政策目標をもつ政党の指導者になった場合は、支持が党への忠誠に基づくものなのか、政策への支持によるのか、それとも指導者との絆によるのかは、立証するのがさらに難しくなる。選挙におけるポピュリズム政党の成功について指導者個人の重要性を強調するのに、解説者は「ルペン効果」や「ハイダー現象」といった言葉を捻り出したりする。だがどちらの事例も、指導者のカリスマは一時的な効果、すなわち党の選挙母体に（新規の）支持者を呼び込むという効果しかもたなかったようである。一度はいってしまうと、新規支持者は党の組織とイデオロギー両方によってより確固とした支持基盤へと変貌していった。指導者のカリスマよりもむしろそうした事実のほうが、これらの政党の多くにはずば抜けて忠実な支持者がいて、指導者の変わったあとも党から離れないという、いささか驚くような結果の説明にもなっている。

研究者のなかには、カリスマ的支配はさまざまの政治組織内で制度化され、たんなるカリスマ的指導者というよりむしろ「カリスマ的政党」に至ると唱える者もいる。しかしながら、各組織の構造が多種多様であるという現状からすると、ポピュリズム政党とはそもそもカリスマ的政党であると論じるのは言い過ぎだろう。カリスマ的支配が及ぼす対外効果よりも対内効果に注目し、あるポピュリズムの指導者たちには「内輪向けカリスマ」があって、それにより活動の中核メンバーとそれぞれの指導者とが結びついていると論じる研究者もいる。このおかげで「カリスマ的」とされる指導者は、運動を拡大した際の内部分裂を克服することができるのである。FN党首として性格のきわめて異なる極右団体が混在する連合をみずからの手腕のみで維持したジャン＝マリー・ルペンや、ひどく誤った名前をもつロシア自由民主党（LDPR）の創設者および党首であるウラジーミル・ジリノフスキーは、強力な内輪向けカリスマを備えたポピュリズムの指導者の例となるだろう。

われは民の声なり

ポピュリズムの政治が本質的に「腐敗したエリート」に対する「汚れなき人民」の闘争であり、人民の主権を是が非でも擁護するように装うものだと考えると、ポピュリズムの指導者がみずからを人民の真の声であるように見せることは、きわめて重要である。「人民」と「エリート」

が、たいていは捻じ曲がった現実の解釈に基づくとはいえ、作られたものであるのと同じく、民の声もポピュリズムの指導者が作り上げたものである——皮肉なことに、これがエスタブリッシュメントによる反ポピュリズムのレトリックによって図らずも増強されてしまうことが多い。この構築物は、別個でありながら相互関係にある二つのプロセス、すなわち（一）エリートからの分離と（二）人民との結びつきによって成り立っている。前者がポピュリズムの指導者のアウトサイダーという立場と関連しているとすれば、後者は彼らの主張する本物らしさと関わってくる。

ポピュリズムの指導者は、自分が（腐敗した）エリートに属さず（汚れなき）人民の一部であることを追従者に納得してもらわなければならない。ワンマン的なポピュリストであれば、人民のもつ文化の紋切り型に乗っかって行動力や男性らしさを強調したり、専門家の見解にそぐわない「常識による」解決策を提唱したりして、これを行なう。だが他のポピュリズムの指導者の場合は、もっと工夫をしなければならない。ここでは、ポピュリズムの担い手としては意外な三つの部類にはいる者たちが、自身のジェンダー、職業、エスニシティを駆使しながら、どのようにしてみずからが人民の声であるように演じるのかを、具体例を挙げつつ述べていく。

女性

ポピュリズムに対する世間一般の認識では、ワンマン的人物という紋切り型が依然として支

7　パリの五月祭にジャンヌ・ダルク像の前で演説する、フランスの国民戦線の党首マリーヌ・ルペン。国民戦線がフランスの国民性を再評価することで成功を収めた急進的な右翼ポピュリズム政党であることからすると、この場所を選んだのは偶然の一致ではない。

配的であるという事実にもかかわらず、ポピュリズムの女性指導者の例は多い。おそらく最初の有名な女性ポピュリストは、フアン・ドミンゴ・ペロンの二番目の妻だったエバ・ペロン（一九一九〜一九五二年）であり、彼女はアルゼンチンの一般庶民にも（米国のポップ歌手マドンナのような）外国の著名人にも一様に影響を与え続けている。現代の女性ポピュリストたちのなかには、フランスのマリーヌ・ルペンやタイのインラック・チナワットといった、ワンマン的ポピュリストの血縁者もいる。しかしポピュリズムの女性指導者の多くは、自力で政治家のキャリアを積んできた、たたき上げの者たちである。その最たる例は、オーストラリアでワン・ネイション党（ONP）を創設し、短命ではあったが同党の成功の主要因となったポーリン・ハンソンだろう。そのほかの例としては、デンマーク国民党（DF）元党首のピア・クラスゴー、「ドイツのための選択肢」（AfD）党首のフラウケ・ペトリー、ノルウェーの進歩党（FrP）党首のシーヴ・イェンセン、煽動的な元アラスカ州知事サラ・ペイリンがいる。

ワンマン的ポピュリストと同じく、ポピュリズムの女性指導者たちも、ジェンダー色の強い社会観を利用して民の声としての自己像を作り上げている。とくに顕著なのは、自分の性別を用いてアウトサイダーという立場を築く、というものである。（政治）エリートの圧倒的大多数が男性であるのに対して、ポピュリズムの指導者が女性だという事実だけでも、彼女が政治のアウトサイダーであるというイメージは強化される。たとえばペイリンは、アラスカおよび米政界の「昔ながらのおぼっちゃんたち」が作る仲良しグループには、声高に反対していた。それに加えて、ジェンダー色の強い社会観は、女性ポピュリストが自分は政治家になりたくてなったわけではないと見せるのに役に立つ。ハンソンは政界入りの際に「ここには洗練された政治家として来たのではなく、ひとりの女性として、自分にふさわしいだけの人生の荒波を経験してきた者として、やって来たのです」と言明した。

汚れなき人民とつながりをもつために、女性ポピュリストの多くは自分たちの文化で規定された「良い女」の特徴を強調し、まず第一に自分は母ないし妻であるというアピールをよく行なう。これによってみずからを「本物［の庶民代表］である」ように見せ、エスタブリッシュメントに蔑ろにされていると感じている有権者との絆を生み出すことができるのである。有名な話だが、ペイリンは一般的な言葉である「サッカーママ」〔子育て熱心な米国の（とくに白人）女性の意〕をアラスカ州独自の事情に合わせて「ホッケーママ」という造語にしたほか、獰猛なまでに子どもを守る母親というジェンダーの紋切り型をネタにして「母親グリズリー〔ハイイログマ〕」なる言葉も生み出した。ナショナリズムとポピュリズムをことさらジェンダーじみた教訓で混ぜ合わせて、ハンソンは次のように述べている。「私はこの国のことをそれは切に気にかけています。それこそ私は母親でオーストラリアはわが家、オーストラリア国民はわが子みたいなものです」。

企業家

もうひとつのポピュリズムの指導者は、どちらかといえばよく見かけるもののおおよそ注目されていないものとして、企業家がある。もっとも有名なポピュリストのなかには、その国の最富裕層にはいる大企業家でありながら庶民の代弁者となった者たちがいる。フォーブズ誌の推計によると、チナワット家の一族全体の資産は二〇一五年には十六億ドルにのぼり、タイで十番目に金持ちな一族となっていたほか、ベルルスコーニ家の富は七十八億ドルという驚異的な評価額であり、同家はイタリアで六番目に金持ちな一族であった。一九九二年の米国大統領選において二十パーセント近くの票を獲得したポピュリストの候補者であるロス・ペローの資産は、およそ三十七億ドルと見積もられており、二〇一五年に米国で百五十五番目に富裕な人物となっている。

ポピュリズムはエスタブリッシュメントを正面から攻撃することを基調としているため、「企業家かつポピュリスト」という組み合わせは、必ずしも人気を博しやすいわけではない。しかしポピュリズムにおける人民とエリートの線引きは、社会経済的な基準――階級や富のような――に依拠するのが必須というわけではなく、むしろ道義的かどうかに依拠するということを考えると、企業家のポピュリストはみずからの実業の才を利用して、政治においてのアウトサイダーという立場を築くこともできるのである。彼らは自分たちが、腐敗した政治家のおかげではなく政治家の腐敗にも負けずに成功を収めた、誠実なたたき上げの実業家であるように見せる。さらに企業家のポピュリストは、自分は政治家を目指して政治家になったのではなく、政界入りしたのも、職業政治家とは違って政治から金銭的利益を得るためではない、と称するのである。ベルルスコーニのいつもの派手な言い方をするならば、「私には、権力欲しさに政権を握る必要なんてないんです。私には世界中に家があるし、どでかい船もあるし……美しい飛行機、美しい妻、美しい家族だってあります……私は犠牲を払っているんですよ」。より現在に近い例としては、米国のドナルド・トランプの事例がある。彼は同国の最富裕層のひとりであるにもかかわらず、みずからを人民に奉仕すること以外に何の関心も払わないアウトサイダーであるように見せた。二〇一六年の選挙戦で行なった演説のひとつで、彼はこのように主張した。「アメリカに新たな時代がやって来るだろう。政府は再び人民の言うことに耳を傾けるようになる。特別な業界の連中ではなく、有権者が〔政府を〕受け持つのだ」。

企業家のポピュリストにとって、人民とつながりをもつことは一見不可能な行為であるようにも思える。つまるところ、彼らの日常生活は、みずからが代表していると称する「普通の人びと」の生活とは、これ以上ないくらいかけ離れているわけだから。平均的なイタリア人は、（シルヴィオ・ベルルスコーニの）完全改修した十七世紀の大邸宅ヴィッラ・ジェルネットに住んでいるわけではないし、平均的な米国の一般人は、（ロス・ペローが）五千万ドルの寄贈をしたテキサス州ダラスのペロー自然科学博物館のように、自分のことを記念して名付けられた博物館などもっていない。しかしながら、彼らは自前の富を使い、たとえばスポーツを通して「人民」とつながりを築き、本物〔の庶民代表〕であるかのようなオーラをまとうことがよくある。もっとも有名なところでは、ベルルスコーニはイタリアでも世界でももっとも人気のあるサッカーチームのひとつ、ACミランを買収しているし、タクシンは短期間ながらマンチェスター・シティを所有していた。さらに、企業家のポピュリストたちはそれぞれ自国の主要なサッカーチームの会長となっており、そのなかにはコンゴ民主共和国のモイーズ・カトゥンビ（TPマゼンベ）やフランスのベルナール・タピ（オランピック・ドゥ・マルセイユ）、ルーマニアのジジ・ベカリ（ステアウア・ブカレスト）、スペインの故ヘスス・ヒル・イ・ヒル（アトレティコ・マドリード）が含まれる。

民族集団の指導者

エスニシティとポピュリズムとの関係は、数多くの記述で描かれているよりもはるかに複雑である。とくにヨーロッパでは、両者は混同されることが多いのだが、これは権威主義と移民排斥主義とポピュリズムを結合させた急進的な右翼政党が圧倒的に多いことに直接起因する。ラテンアメリカにおいてエスノポピュリズムという用語が意味するのは、決まった種類のポピュリズムのことであり、先住民族による動員と関係したものがとりわけ顕著である。どちらの種類のポピュリズムも、真正であることを立証するのにエスニシティを使っているが、その使い方は根本的に異なる。ヨーロッパの急進的な右翼のポピュリストにとって、エスニシティはポピュリズム的な峻別には関係なく、人民とエリートは同じ民族集団にはいっているが、「土地の人間」と「よそ者」という移民排斥主義的な峻別にはむしろ関係しており、この場合「よそ者」は人民とエリートのどちらにもはいっていないとみなされる。一方ラテンアメリカのエスノポピュリズムにおいては、国民はひとつの多文化的なまとまりとされており、その内部で人民とエリートは、道義性とエスニシティの両方で分けられている。

エボ・モラレスと彼の政党MASは、エスノポピュリズムの典型的な事例となっている。モラレスはボリビア初の先住民族の大統領で、同国の多数派を占める先住民族は組織的な差別を受けてきた。彼は自分のエスニシティをエリートから切り離されていること（アウトサイダーの立場）と庶民とのつながり（真正／本物であること）の証明としてよく用いてきた。たとえば、ほとんどのエリートはもっと歴史の浅いヨーロッパ起源の出身であるのに対し、自分は南北アメリカ大陸に四万年間居住してきた人びとの系統を引いている、というのがいつもながらの彼の主張である。さらにモラレスは、ボリビアの二大先住民族のひとつ、アイマラ族の一員であることに依拠して、本物〔の庶民代表〕であると主張することが多い。以下は彼のもっとも有名な声明のひとつである。「われらインディオが、ラテンアメリカの道徳を保有する者だ」。しかしヨーロッパの民族主義的なポピュリストとは異なり、モラレスおよびMASは排他的ではない。それどころか、同党はアイマラ族とケチュア族――ボリビアの二大先住民族――だけでなく、メスティーソや白人にも手を広げてきた。かつてモラレスが言明したところによると、「一番重要な点は、先住民族が生まれつき恨み深いわけではないということです。われわれは誰かを抑圧するためにここにいるのではありません――そうではなく、一致団結して公正かつ平等なボリビアを築いていくためにいるのです」。

だがポピュリズムの指導者は、多数派民族に属している必要すらない。すでに見てきたように、フジモリはペルーでは小規模な少数派の日系に属していたにもかかわらず、同国でもっとも人気のある政治家のひとりとなった。ペルーが人種格差の激しい社会であり、エリートはおもにヨーロッパ系であることをふまえると、少数派民族という立場は、フジモリが庶民とのつながりをもつのに役立った。非ヨーロッパ系ペルー人の仲間として、彼は排除された人びとの部類にはいっていたのである。さらには、少数派民族に属していたことは、生まれの卑しい政治のアウトサイダーであり、エスタブリッシュメントとのコネではなく個人の才覚によってのし上がった者だというイメージを拵《こしら》えるのに貢献した。このイメージは、彼の主要な対抗馬であるマリオ・バルガス・リョサが、ヨーロッパ系白人の著名な小説家だったことにより強固なものとなった。

インサイダー系アウトサイダー

政治的エスタブリッシュメントと何ら共通点をもたないアウトサイダーという立場の一環として、ポピュリズムの指導者はよく自分が政治の初心者であると称する。このように言い切ることが、それまでの政権による不評な政策や政治家全般に対する腐敗や無能という認識から、わが身を切り離すのに役立つのである。また、そう称することは、自分が政治家を目指して政治家になったのではないというイメージにもよく合い、主流の職業政治家と比べて好意的にみられる。ポピュリストの盛んに口にする用語である、本職の「政治家階級」と対照をなすように、ポピュリストは自分が私的な野心ではなくもっと高邁な使命感、すなわち政治を人民の手に〈取り戻し〉もたらすという使命感に衝き動かされて、政治に携わっているのだと主張する。実際のところは、ポピュリズムの指導者のほとんどは、まさに国内エリートに属する人びとにほかならない。彼らが社会人口学的には政治エリートと変わらぬ層、つまりは高学歴・（上層）中流階級・多数派民族の中年男性という層に属しているということは、往々にしてある。そして何年にもわたって政治活動を行なっている者も多い。

たとえば、ギリシャの首相アレクシス・ツィプラスはギリシャ共産党の青年団員として活動を始めたほか、ブラジル大統領になる以前のコロール・デ・メロは、さまざまな数多くの政党の公認候補として選挙に当選していた。同様に、ウィルダースは自身のワンマン政党PVVを創設する以前、保守の自由民主国民党（VVD）において外交政策を担当する有力な平議員であった。ポピュリストのアウトサイダーとして再びみずからをでっち上げるまで、政権内の役職に就いていた者すら何名かいる。ラファエル・コレアはエクアドルのアルフレド・パラシオ政権では蔵相だったし、ジョセフ・エストラーダはフィリピンのフィデル・V・ラモス大統領の副大統領を務め、盧武鉉《ノ・ムヒョン》は韓国の金大中《キム・デジュン》大統領の政権では海洋水産部長官であった。

縁故の結果として、場合によってはポピュリズム政党内での文字通りの生え抜きとして、政治活動を行なうことになったポピュリストたちもいる。この事例には、たしかに全員ではないものの、多くの著名な女性ポピュリストが当てはまる。イサベル・ペロンはフアン・ドミンゴ・ペロンの寡婦であるし、マリーヌ・ルペンとケイコ・フジモリはそれぞれジャン＝マリー・ルペンとアルベルト・フジモリの娘にあたるほか、（短期間ながらFPÖの議長を務めた）ウルズラ・ハウプナーとインラック・チナワットもそれぞれイェルク・ハイダーの姉とタクシン・チナワットの妹にあたる。彼女たちは全員、ポピュリズムの指導者という地位を「相続」している。断っておくが、指導者の座を継承するのはポピュリストにも女性にも限ったことではない。南アジアでは、ポピュリストでない女性指導者の多くはその地位を父親（ベナジール・ブットーなど）や夫（ソニア・ガンディーなど）から「相続」しているが、西洋諸国の男性政治家にもそうした者は多い（ベルギー首相のシャルル・ミシェルやジョージ・W・ブッシュ元米国大統領など）。

全体としてみると、ポピュリストは三つの類型、すなわちアウトサイダー、インサイダー系アウトサイダー、インサイダーに分類することができる。真の意味でのアウトサイダーはきわめて稀である。彼らには広い意味でのエリート（すなわち文化的・経済的エリートも含む）と目立ったつながりもなく、政治の主流から完全に外れたところで経歴を積んでいる。数少ないながらも有名なほうでは、ウゴ・チャベスやアルベルト・フジモリがアウトサイダーのポピュリストである。チャベスはベネズエラ陸軍では比較的下級の士官で、全国的な知名度を得たのも、ひとえに一九九二年のクーデタ未遂があったからである。フジモリが初めて大統領選に出馬したとき、彼は政界につてのない学者であり、大学の総長を務めていた。真の意味でのアウトサイダーは、ラテンアメリカの大統領制のように個人裁量が大きく流動的な政治制度のほうが、政党が支配的な西ヨーロッパの議会制のように政治制度がもっと組織化されしっかりと確立したところよりも、おそらくは成功を収める。

現実においては、名を立てたポピュリストのほぼすべてがインサイダー系アウトサイダー、すなわち政治体制内の面々という意味での政治エリートにははいっていないが、彼らと〔太い〕つながりのある人びとになる。FPÖ党首のイェルク・ハイダーは、オーストリアの長期にわたる社会民主主義政権の首相（一九七〇～一九八三年）、ブルーノ・クライスキーの秘蔵っ子であったし、サラ・ペイリンを全国レベルに押し上げたのは、共和党の上院議員を長年務めるジョン・マケインだった。同様にベルルスコーニは、イタリア社会党書記長（一九七六～一九九三年）でイタリア首相（一九八三～一九八七年）も務めたベッティーノ・クラクシとの特別な関係を通じて、自分のメディア帝国を築き上げた。共産主義体制後の東ヨーロッパでは、一九九〇年代のほとんどの著名なポピュリストが、共産主義体制と深い関係にあった者たちである――たとえば急進的な右翼ポピュリズム政党の大ルーマニア党（PRM）党首であった故コルネリユ・ヴァディム・トゥドルは、共産主義独裁者ニコラエ・チャウシェスクの「宮廷詩人」〔詩人・ジャーナリストとして、チャウシェスクへの個人崇拝を強烈に推進した〕だったし、ウラジーミル・ジリノフスキーはソ連で公式に認可された最初の「野党」を創設している。ポピュリストの成功と失敗を分けるのが、往々にして〔かつての〕エリートとのこうしたつながりであるというのは、皮肉なことである。

最後に、数は多くないがインサイダーのポピュリスト、つまり政治エリートの中枢内の出身であるポピュリストの系列も存在する。ポピュリズム政治家として第二の人生を歩み始める前は、主流政党の幹部役職に就いていた者たちもいる。タクシン・チナワットは間違いなくその最たる例であり、彼はみずからの党を立ち上げて首相となる前は、副首相を二度務めている。ほかには自分自身だけでなく、自分の属する政党をもポピュリストに転換した事例もある。スイスでは、クリストフ・ブロッハーが保守のＳＶＰを西ヨーロッパでもっとも成功した急進的な右翼ポピュリズム政党へと変身させ、一方ハンガリーでは、ヴィクトル・オルバーンの後押しよって当初リバタリアンであったフィデスはまず保守へ、それから右翼のポピュリズムへと移っていった。

ポピュリズムの指導者が選挙に勝利し、長期間政権の座にとどまることができた場合、インサイダーとアウトサイダーの立場の境目はぼやけてくる。これが起こると、彼らは必然的に政治的——そしてたいていは経済においても——エスタブリッシュメントの一部となる。これについては、ベネズエラのチャビスモほど格好の事例となるものはない。十五年にわたる「ボリバル革命」下の統治によってエリートはほぼ総取り替えとなり、新支配階級、通称ボリブルジョワジーの台頭を招いた。政権の座に就いてから十年以上を経て、このことはチャベスの立場すらも、一九九九年の大統領選時における正真正銘のアウトサイダーから二〇一三年選挙時における紛うことなきインサイダーへと変貌させた。

インサイダーとアウトサイダーの境目がぼやける場合があるのとまさに同じように、ポピュリズムの政治家と非ポピュリズムの政治家との区別もまた、見分けやすいとはかぎらない。主流の有名な政治家には、時としてポピュリズムのレトリックを用いる者もおり、オーストラリア〔元〕首相のトニー・アボットや〔元〕米国大統領ロナルド・レーガンもそのなかにはいる。それどころか、こうした特定のタイプの政治家について述べる際、インサイダー・ポピュリズムなる用語を使って解説する者も多い。しかしながら、こうした政治家も彼らの属する政党も本当にポピュリズム的だったのではない。というのも、ポピュリズムは彼らのイデオロギーにおいて核心となる特徴ではなかったからだ。この手のインサイダーは、他の主流の政治家たちから距離をおいて自分が本物らしく見せる（見せようとする）ために、ポピュリズムのレトリックを用いているにすぎない。主流の政治家にポピュリズムの言説を弄する傾向があるのはほとんどが選挙運動中のことで、政権の座に就いてからは概ね見向きもしないというのも、偶然ではない。

ポピュリストのイメージ

属人化は現代の政治において全般的な傾向になっており、たしかにポピュリズムもこの法則に外れていない。どんな類の動員であるかを問わず、ポピュリズムの成功例のほとんどに、強力な指導者が関わっている。だがポピュリズムは、何か決まった種類の指導者によって成立するわけでもなければ、指導者と一体化しているわけでもない。紋切り型のワンマン的ポピュリストは、ポピュリズムの全指導者のうち少数派しか占めていない――ポピュリズムの担い手がどんなイデオロギーに依拠するかに関係なく、である。さらには、ポピュリズムの指導者が成功するか否かは、万国共通とされる一連の決まった人格的特徴にではなく、アウトサイダーの立場と本物らしさのセットに基づいて念入りに構築した、民の声というイメージに左右されるのである。

人民の声のイメージとして、どんな特定のイメージが魅力的なのかは、ポピュリズムの指導者が活動する社会の政治文化と連関している。たとえば、紋切り型のワンマン的ポピュリストは、昔ながらの男性優位な文化が強い社会のほうが人びとを惹きつけやすく、一方で企業家系ポピュリストは、おそらく資本主義や物質主義の進んだ社会のほうが受けがよい。政治文化は、ポピュリズムの女性指導者に対してとりわけ興味深い影響を及ぼす。すべての社会にジェンダーの区別があることは言うまでもないが、必ずしも同じように区別されているわけではない。女性のポピュリストは、女性解放の進んだ社会でも因襲的な社会でも成功しうるが、方法は異なってくる。因襲的な文化では、相続によるポピュリズムの女性（および男性も）指導者が好まれ、女性解放の進んだ社会では、自力でのし上がった女性指導者に（も）門戸が開かれている。

民の声というイメージの構築は、ポピュリズムの指導者が依拠するイデオロギーによっても左右される。たとえば企業家のイメージは、社会主義のポピュリズムよりも新自由主義のポピュリズムと組み合わせるほうがはるかにたやすく、少数派民族に属する者は、急進的な右翼ポピュリズムの指導者になるよりはエスノポピュリズムの指導者になりやすい。同様に、右翼ポピュリズム政党においては左翼ポピュリズム政党の場合よりも、女性指導者はおそらくより因襲的なイメージを構築することになる。以上のようなことがあってもなお、たいがいのポピュリズムの指導者たちは、みずからが猛烈に拒絶しているのとまさに同じエリートと長年にわたって深い関係があったことを隠すため、政治のアウトサイダーであるというイメージを作り上げることに、ことさら意を注ぐのである。それゆえ、ポール・タガートの所見をもじって言うならば、ポピュリズムとは凡庸な人物像を構築した非凡な指導者による、凡庸な人民のための政治であると考えられる。

第五章　ポピュリズムとデモクラシー

ポピュリズムとデモクラシーとの関係は、つねに激しい議論の話題になっている。見解の一致に達したとはとても言えないが、無理のない程度に述べるなら、ポピュリズムはデモクラシーに内在する脅威となっている、というのが通俗的な見解ではなかろうか。おそらくこの見解の論者で近年もっとも有名なのは、フランスの知識人ピエール・ロザンヴァロンだろう。彼はポピュリズムを「代議制民主主義の理想と手続きの歪んだ反転」と捉えるべきだと論じている。だが時が経つにつれて異論も聞かれるようになり、ポピュリズムとは唯一にして真のデモクラシーのかたちであると触れ回る者すら現われた。より近年の擁護者のなかにはラクラウもはいっており、彼はポピュリズムが、締め出されていた層からの要求の結集を可能にすることにより「民主制の民主化」を促進すると考えた。

どちらの解釈もある程度は正しい。選挙での強さや発生した情況しだいで、ポピュリズムはデモクラシーにとっての脅威か矯正かのどちらかとして作用しうる。これはつまり、ポピュリズムそのものは民主的制度にとって良いも悪いもないということである。自由主義やナショナリズム、社会主義といった他のイデオロギーと全く同じように、ポピュリズムもデモクラシーに対して良い影響や悪い影響を与えることがある。この複雑な関係をより理解するために、まずはデモクラシーを明確に定義するところから始め、ポピュリズム勢力からデモクラシーがどのようにプラスやマイナスの影響を受けるのかを解き明かす手がかりとする。そのあと、ポピュリズムがさまざまな政治体制に与える影響にかんして、本書独自の理論的枠組みを提示し、民主化と非民主化の両方の過程における各段階ごとに、ポピュリズムが及ぼす主要な効果を見分けられるようにする。

ポピュリズムと（リベラル）デモクラシー

ポピュリズムと同様にデモクラシーも、学問の世界や世間一般において激しく論議されている概念である。論争の焦点はデモクラシーの正しい定義だけでなく、デモクラシーの多種多様な類型にも及ぶ。ここではそうした論争に深入りすることはしないが、本書なりのデモクラシー理解を明確にしておかなければ、ポピュリズムとの複雑な関係を論じることはできない。（修飾語の付いていいない）デモクラシーのもっとも優れた定義は、人民主権と多数派支配の組み合わせでありそれ以上でもそれ以下でもない、というものだ。したがってデモクラシーには直接と間接、リベラルと非リベラルのものがありうる。じっさい、デモクラシーという単語の語源そのものが、人民の自治、すなわち人びとが支配する政治体制という考えを指しているのである。「最小限の」定義のほとんどが、デモクラシーをまず第一に競争型選挙で統治者を選ぶ手法だとみなしているのも、偶然ではない。したがって自由で公正な選挙は、デモクラシーの決定的な特性と符合する。暴力的な闘争で統治者を入れ替えるかわりに、自分たちを治める者は多数決の選挙で選ぶべきだと人民が合意するのである。

しかしながら、日々使用されるほとんどの場面で、デモクラシーという単語が実際に意味するのはデモクラシーそのものではなく、リベラル・デモクラシーなのである。（修飾語の付かない）デモクラシーとリベラル・デモクラシーとの主な違いは、後者がひとつの政治体制のことを指し、人民主権および多数派支配を尊重するだけでなく、表現の自由や少数派集団の保護といった基本的人権の保護をもっぱら取り扱う独立機関を設けている点にある。基本的人権の保護にかんしていえば、汎用的なアプローチというものは存在しないので、結果としてリベラル・デモクラシー諸国の各政府が採用している制度的な手段は、きわめて多様である。たとえば強力な成文憲法と最高裁判所をもつもの（米国など）もあれば、どちらももっていないもの（英国など）もある。こうした差異があるにもかかわらず、すべてのリベラル・デモクラシー諸国は、その特徴として「多数者の暴政」の台頭を避ける狙いで、基本的人権の保護を目的とした制度機関を有している。

この解釈は、米国の政治学者である故ロバート・ダールによって提唱されたものに非常に近く、ダールは、リベラル・デモクラシー体制は二つの独自に分かれた次元、すなわち公的異議申し立てと政治参加の二つを軸にして構成されている、と主張した。前者が自由にみずからの意向を表明したり政府に反対したりできる可能性を指すのに対し、後者は政治制度に参加する権利を意味する。また彼の考えでは、両方の次元の効果を確実に最大化するためには、要求度の高い一連のいわゆる制度的保証が必要であり、とりわけ表現の自由、投票権、公職資格、代替的な情報源がそのなかに含まれる。

それではデモクラシーとリベラル・デモクラシーの定義を明確にしたところで、今度はその二つがポピュリズムによってどのような影響を受けるのかを考えてみる。手短に言うと、ポピュリズムは本質的には民主的だが、現代世界において支配的なモデルであるリベラル・デモクラシーとは相性が悪い。ポピュリズムでは「(汚れなき)人民の意志」を縛るものは何もあってはならないと考え、多元主義という概念を、ひいては少数派の権利とならんでそれを守るはずの「制度的保証」をも、基本的に受け付けない。

実際面では、ポピュリストたちは人民主権の原則を持ち出して、リベラル・デモクラシーのモデルに本来備わっている、基本的人権の保護に努める独立機関を批判することが多い。なかでも標的にもっともされやすい機関は、司法とメディアである。たとえばベルルスコーニは、法廷への出廷を繰り返してもう何十年にもなるが、裁判官たちが共産党員の権益を守っている(「赤い法服」という言葉はここから来た)とよく非難していた。純然たるポピュリズムの流儀に則って、彼は次のように述べている。「国民によって選ばれた者を裁判官が不法に破滅させようとすることなど、確実にできなくなるよう、政府は努力を続け、議会は必要な改革を行なうだろう」。案の定、政権を握ったポピュリストたちは、国営メディアを政権の御用機関に変え、残った数少ない独立系メディアの拠点を閉鎖したり妨害したりして、メディアの環境を一変させることが多い。もっとも最近のところでは、エクアドルやハンガリー、ベネズエラがこれに当てはまる。

　リベラル・デモクラシーは、多数派支配と少数派の権利とのあいだで円満な均衡を見いだそうとするものだが、ポピュリズムはその内在的な緊張関係に付け込む。重要な争点において両者はかち合う（差別禁止法を考えてみよ）ことから、現実世界においてそのような均衡を達成するのはほぼ不可能である。ポピュリストは、多数派支配の原則を破ることをデモクラシーの理念そのものの侵害だと批判し、究極の政治的権威は、〔官僚など〕選挙を経ていない集団ではなく「人民」に帰せられるものだと論じる。突き詰めるならば、ポピュリズムは、支配者を支配するのは誰かという問題を提起しているのである。デーモス〔市民・民衆〕の力を制限する、選挙を経ていない機関を一切信用しない傾向があるため、ポピュリズムは民主的過激主義へと、あるいはもっとうまい言い方をするならば非リベラルなデモクラシーへと発展することがある。

　理論上、ポピュリズムは公的異議申し立ての面ではデモクラシーにとってマイナスとなり、政治参加の面ではプラスとなる。一方においては、ポピュリズムは競争の余地を制限する傾向にある。なぜならポピュリズムでは、邪な存在として描かれる関係者は選挙のゲームに参加することもメディアに露出することも許してはならない、と主張することが多いためである。ポピュリズムを「パラノイア型政治」と呼んでは言い過ぎになるが、ポピュリズムの勢力はきわめて不穏な論調や陰謀論に走るきらいがある。たとえばギリシャの急進左派連合の政治家たちは、よく国内の反対勢力のことをドイツの「第五列〔裏切り者・敵国スパイ〕」と呼んでいたが、閣僚のなかにはＥＵの「テロリスト」と呼ぶ者さえいた（現在は元閣僚）。一部の市民が陰謀論に入れ込んでいる米国では、民主党と共和党の両方のエリートが米国を国連管理下に置く「新世界政府」の樹立に向けて動いている、と信じて疑わない右翼のポピュリストたちが多い。

もう一方でポピュリズムは、政治的エスタブリッシュメントに自分たちの関心事が顧慮されていないと感じている社会集団の動員を助長するため、政治参加を奨励する傾向がある。その中核となる信条は人民に主権があるというものであることから、政治を決めるのはすべての人民であるべきだし、人民だけであるべきとされる。留意すべきこととして、ヨーロッパの急進的な右翼ポピュリズムのように、ある特定の形態のポピュリズムは、何らかの少数派集団を締め出すことによって政治参加を制限しようとするかもしれない。だが、そうした集団は土地の人間によって締め出されるのであって、汚れなき人民によってではない。言い方を変えるなら、締め出しの根拠となるのは移民排斥主義であってポピュリズムではないのである。

まとめると、ポピュリズムはリベラル・デモクラシーにとってプラスとマイナス両方の役割

表1　リベラル・デモクラシーに対するポピュリズムのプラスおよびマイナスの影響

プラスの影響	マイナスの影響
政治エリートによって代表されていないと感じている集団に、発言力を与える	多数決の概念や慣行を利用して、少数派の権利を飛び越してしまう
参加を阻まれていた社会層を動員し、彼らが政治体制のなかへ統合されていくように促す	人民主権の概念や慣行を利用して、もっぱら基本的人権の保護に努める機関を切り崩していく
参加を阻まれていた社会層が好む政策の実行を促進することで、政治体制による反応の良さを向上させる	新たな政治的分断の成立を助長し、それによって安定した政治連合の形成が阻害される
さまざまの論点や政策を政治世界の一部としていくことで、民主的な責任制度を強化する	政治を道義で断じることにつながり、合意に達することが不可能ではないにしろ極度に困難になる

を果たしうるということだ。たとえば、エリートが代表してくれていないと感じる有権者に発言権を与えることで、ポピュリズムはデモクラシーを矯正するものとして作用する。ポピュリストは、「声なき多数派」には意味があってもエリートの議論にのぼらない問題を政治化することによってデモクラシーを正していく。じっさい、ヨーロッパにおいて急進的な右翼ポピュリズム政党の存在がなければ、おそらく一九九〇年代の主流政党にとって移民は重要な案件にはならなかっただろう。現代ラテンアメリカの政治・経済における排除された層の統合についても、同じことが言える。この案件は最近の十年でもっとも切迫した問題のひとつになっているが、大部分はベネズエラのチャベスやボリビアのモラレスといった左翼ポピュリズムの大統領が台頭したおかげであり、彼らは自国における著しい水準の不平等を政治で取り上げることに成功した。

しかしポピュリズムはリベラル・デモクラシーにマイナスの影響を及ぼすこともある。たとえば、いかなる機関にも多数派支配を制約する権利はないと唱えることで、ポピュリズム勢力がついには少数派を攻撃したり、基本的人権の保護をもっぱら取り扱う機関を蝕んでいくことになったりもするのである。事実、ヨーロッパのリベラル・デモクラシーに対して急進的な右翼ポピュリズム政党が主な脅威になっているのは、この点においてである。それらの政党は、国家を単独の民族集団のもとに置く民主政モデルのひとつ、エスノクラシーを目指して、西ヨーロッパのイスラム教徒や東ヨーロッパのロマ（ジプシー）といった民族的・宗教的少数派のさまざまの権利を切り崩している。

これに似通ったことは現代のラテンアメリカにおいても起こっており、反対勢力が政治権力をかけて現政権と争える能力の範囲を著しく狭めるような新憲法を、さまざまの左翼ポピュリズム勢力が起草している。現在のエクアドルはその適例であり、コレア大統領は憲法改正を用いて、忠実な支持者を選挙裁判所や司法部などの重要な国家機関に据えただけでなく、自分の政党に有利なかたちで新たな選挙区と選挙規則を設けた。ほぼ同一のことが、近年のハンガリーでも進行している。

ポピュリズムと民主化／非民主化の過程

リベラル・デモクラシーが確立した国々におけるポピュリズムの役割については活発な議論が続いている一方、ほかの政治体制に対してポピュリズム勢力が及ぼす影響や、より強固もしくは薄弱なデモクラシーのいずれかへ移行する可能性がある場合の、その過程に及ぼす影響については、ほとんど注目されていない。（競争的）権威主義体制に対して、あるいはより強固なデモクラシーへの変身を促すうえで、ポピュリズムにはどのような効果があるのだろうか。この盲点に光を当てなければならない。

デモクラシーとは永遠に完成に至らないものであり、後退もしくは前進を経験する可能性はいつでもある。したがって、（リベラル）デモクラシーの体制についてだけ考えるのではなく、民主化（および非民主化）の過程についても考えることが大切だ。「パラダイム論的〔支配的規範（＝パラダイム）が革命的・非連続的に転換する〕」な民主化の経路といったものはないが、民主化なり非民主化なりへ向かう運動が起きるような、さまざまな局面が存在することは認められる。これらの段階はそれぞれ、ある政治体制から別の政治体制への移行を意味しており、本書では、ポピュリズムがその移行ごとに異なる効力をもつのではないかと考える。まずは現代世界においてもっともよく見かけられる四つの政治体制を説明しよう。

権威主義的な陣営と民主的な陣営は、それぞれ内部で二つの別個の体制に分けることができる。すなわち、一方を完全な権威主義と競争的権威主義に、他方を選挙民主主義と自由《リベラル・》民主主義《デモクラシー》に分けるのである。完全な権威主義においては、政治的な反対勢力の出る余地はな

8　ウゴ・チャベスは一九九九年から二〇一三年にかけてベネズエラ大統領を務めたポピュリズムの指導者であるが、彼の逝去を受けてベネズエラ・ボリバル共和国政府はこの切手を発行した。チャベスは大統領綬を着用しており、彼の背後には寄り集った支持者の群衆が描かれている。

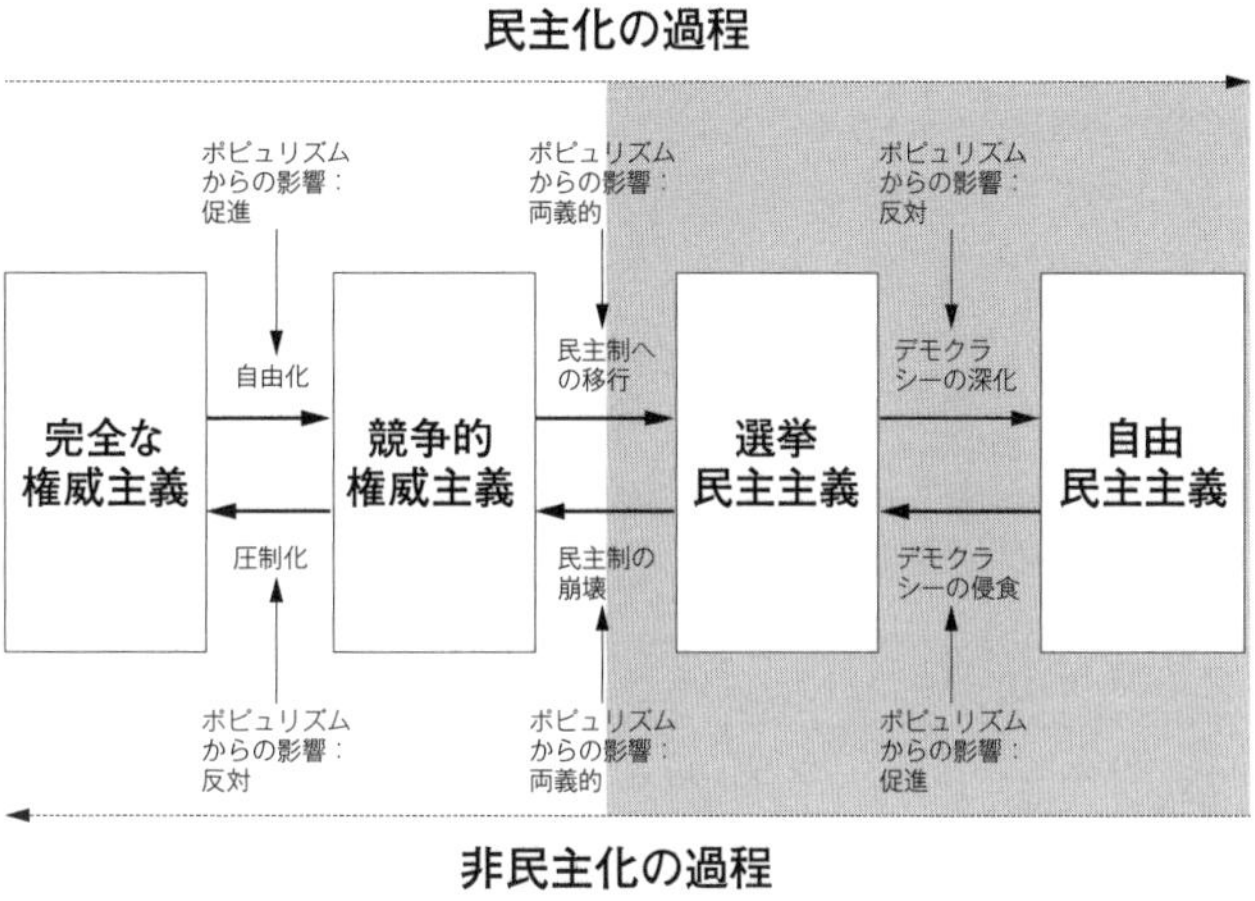

9　ポピュリズムはそれぞれの政治体制にプラスなりマイナスなりの影響を及ぼすことがある。それどころかポピュリズムの勢力によって、民主化にも非民主化にもつながるような制度変革が誘発されることもある。

く、組織的な抑圧が行なわれているのに対し、競争的権威主義では現政権と野党とが不公平な土俵に立つかぎりで、限定的な異議申し立てを行なうことができる。競争的権威主義体制の国々では野党の存在を許容し、選挙を実施するものの、選挙では公職を占めている側が有利となるように組織的な妨害が行なわれている。

　選挙民主主義の特徴は、野党側が勝利する可能性のある選挙が、断続的ながら実際に発生する点にある。だがそれでもなお、選挙民主主義には法の支配の尊重を阻害する制度的欠陥が数多く存在し、基本的人権の保護に努める独立機関という面でいえば脆弱さを露呈している。自由民主主義《リベラル・デモクラシー》諸国は完璧な体制をもっているわけではないが、説明責任の欠損とは無縁であることから、選挙民主主義諸国と比べれば、強健な公共圏から司法による独立した監視に至るまで、被治者が政府当局の説明責任を守らせる機会は多い。

　これら四つの政治体制にはそれぞれの政治力学があるものの、ひとたび始動すれば比較的安定した状態にとどまる傾向にあることは注記しておく。それゆえ、四つの体制が（さらなる）権威主義なり（さらなる）民主主義なりの方向へ必ずしも移行している最中だとはかぎらない。しかしそれでもポピュリズム勢力の出現は、これらの体制それぞれの内部において変化のきっかけとなることがある。移行の局面ごとにポピュリズムが与えるそれぞれの決まった影響について理論化し、事例をひとつずつ挙げて説明していく。

　民主化の過程にポピュリズムが及ぼす影響は、自由化・民主制への移行・デモクラシーの深化という三つの局面に分けることができる。最初の段階である自由化においては、権威主義体制がさまざまの規制を緩めて個人や集団にかんする権利の一部を拡大するわけだが、その間にポピュリズムは大まかにいえばデモクラシーにとってプラスの力となる傾向がある。ポピュリズムは人民主権や多数派支配の要求をはっきりと表明することを促し、そうした要求から、すでにあるさまざまな種類の国家による抑圧に対して異議が唱えられるため、ポピュリズムは反対勢力の指導者が反体制の人びと（すべて）を動員できるような「基本的枠組み」の形成に寄与する。その好例を探すならば、共産主義体制の東ヨーロッパで広く起こった反対運動の一部においてポピュリズムの果たした役割に見出すことができ、なかでも一番際立っていたのがポーランドの労働組合「連帯」である。
「連帯」は反共主義の統括組織で、そこでは現今の共産主義が抱える問題については意見が一致していながら、ほぼそれと同じくらい共産主義後に望む将来像については意見を異にする活動参加者たちが匿《かくま》われており、幅広い緩やかな連合を組んでいた。「連帯」自体はポピュリズムの運動ではなかったが、指導者および運動支持者の一部はポピュリズムを信奉し、とりわけその象徴的な指導者であるレフ・ワレサによる大衆デモで、それがよく表れていた。基本的に「連帯」は、民族（ナショナリズム）と道義性（ポピュリズム）両方の点で、「人民」をポーランド統一労働者党（ＰＺＰＲ）の「エリート」と対置して表象した。「連帯」の（指導的な）運動メンバーが共産主義体制終焉後の時期にさまざまなポピュリズム政党を創設したのも偶然ではなく、そのなかでもっとも際立っているのが、レフ・カチンスキとヤロスワフ・カチンスキの双子兄弟による右翼ポピュリズム政党、「法と正義」（ＰｉＳ）である。

　民主制への移行の段階、すなわち競争的（あるいは完全な）権威主義体制から選挙民主主義体制への移行において、ポピュリズムの果たす役割はどちらか分かりにくくなるが、それでも建設的なほうであり、人民がみずからの統治者を選挙で選ぶべきであるという考えを促進する。ポピュリズム勢力の特徴は、政治とは何があっても人民主権を尊重することだと主張する点にあると考えると、彼らは政権の座にあるエリートを攻撃して、政治権力へのアクセスを保証するような方式に変更するよう盛んに要求するものである。これはつまり、ポピュリズム勢力は自由で公正な選挙の実現を支持するということだ。この点で興味深い事例となるのは、メキシコのクアウテモク・カルデナスと一九八〇年代末の民主革命党（ＰＲＤ）結成である。

ＲＰＤは制度的革命党（ＰＲＩ）から分裂したのだが、そのＰＲＩは一九二九年から――改名を繰り返しながら――政権の座にあり、民主的な見かけとは裏腹に競争的権威主義体制を支配してきた。カルデナスとその仲間は、ＰＲＩの新自由主義的な方針を内部から変えることが無理だと分かると、新自由主義に反対するだけでなく自由で公正な選挙の完全実施をも求める、新しい政治的手段を創ることを選んだ。ＰＲＤは発足当初から、党首――初代のカルデナス、そしてよりのちにはアンドレス・マヌエル・ロペス・オルバドール（通称ＡＭＬＯ）――を全メキシコ国民のため真のデモクラシーを樹立することを関心事とする「庶民出身の男」に見せるため、ポピュリズムの言い回しを採り入れていた。ＰＲＤは大統領選自体には勝利できなかったが、二〇〇〇年の「建国選挙」を可能にする歴史的な取り決めへの道を切り開くのに貢献し、二〇〇〇年には保守の国民行動党（ＰＡＮ）が大統領選を制したのである。

最後のデ、モ、ク、ラ、シ、ー、の、深、化、の段階においては、これまで懸案になっていた、基本的人権の保護をもっぱら取り扱う機関の強化や本格的なリベラル・デモクラシー体制の発達に不可欠な、さまざまの改革が完成する。ポピュリストは、制約されない民意と選挙を経ていない集団への拒絶に基づいてデモクラシーを解釈しているため、理論上はデモクラシーの深化の過程と相容れない。通常ポピュリズムにおいては選挙を経ていない集団のことを、人民の「本当の」利害よりも、のさばる少数派の「特別な利害」を守ろうとしている、正統ではない機関として扱う。スロヴァキア首相を三回歴任したヴラジミール・メチアルは、とりわけ自身にとって三期目にして最後となる、三つのポピュリズム政党が組んだ連立政権（一九九四〜一九九八年）が、デモクラシーの深化に対するポピュリズムの反対を示す最適の例となる。一九九四年にメチアルが就任したとき、スロヴァキアは、共産主義体制後の中央および東ヨーロッパで欧州連合（EU）への加盟を目指す民主国家の先頭グループを走っていた。政権による非リベラルな施政、そのなかには法令を軽視するだけでなく改変――野党勢力を挫くための選挙区割の変更――を試みた（未遂）ことも含まれるわけだが、その結果、同国はゆっくりではあるが確実に民主国家の脱落組へと後退していった。EUは、加盟申請の第一段階からスロヴァキアを除外する構えさえ見せた。

この数十年間は、デモクラシーとは深化するだけでなく、希薄になったり、廃絶されることすらもあるということを改めて認識させるものであった。ポピュリズムは、この非民主化の過程にも無視できない役割を果たすことがあるのだが、こちらもデモクラシーの侵食・民主制の崩壊・圧制化という三つの局面に分けることができる。デ、モ、ク、ラ、シ、ー、の、侵食の段階には、司法の独立性を縮小したり、法の支配を放棄したり、少数派の権利を弱めたりといった、基本的人権の保護をもっぱら扱う機関の自律性を徐々に切り崩していく改変が含まれる。ポピュリズムの指導者とその追従者たちは、デモクラシーの侵食の段階を引き起こしたがる。なぜなら、本質において彼らの支持するデモクラシーは「人民の一般意志」の実行にとって邪魔となる集団や機関はどんなものにでも反対するという、極端な多数派モデルだからである。ポピュリズムがどのようにしてデモクラシーの侵食の過程へと至るかを示す例証としては、おそらく現在のハンガリーの状況ほど適したものはない。

　二〇〇二年の選挙における敗北、とはいっても本人はしぶしぶ認めたにすぎないが、その敗北のあと、ヴィクトル・オルバーンと彼の右翼ポピュリズム政党であるフィデスは、暴力的な街頭デモすら含む、急進的な反対勢力像を採り入れた。二〇一〇年に政権に返り咲くと、彼は選挙で得られた過半数を超える議席を利用して、新憲法を強引に成立させたのだが、新憲法において何が保障されたかというと、これについて所見を述べた学者たちの言葉を借りれば以下のようになる。「今や現政権にはみずからの権力に対する抑制はほとんどないのだが、新憲法下の体制では政権与党が、任期が長く今後将来の政府が行なうことに拒否権をもつ要職に、党に忠実な者を据えることもできてしまう」。諸外国の政府や各国際機関はオルバーン政権をあまり厳しく批判することに積極的ではなかったものの、ＥＵと米国の両方が、ハンガリーでのデモクラシーに対する「締めつけ」に、懸念を表明するようになってきている。

　非民主化の第二段階となる民主制の崩壊は、体制が選挙民主主義から競争的権威主義へ（極端な場合には完全な権威主義へ）移行することを明白に意味する。民主制の崩壊に際してポピュリズムの担い手は、どちらか分かりにくくなるものの、それでも移行を支持するほうに関与すると思われる。なぜなら彼らはゲームのルールをポピュリズム勢力にとって有利なほうへ傾かせるか、「腐敗したエリート」は人民の一般意志が表出するのを拒んでいると言って非難するか、あるいはその両方を行ないたがるからだ。ペルーのフジモリ政権がその典型である。

フジモリは一九九〇年に政治のアウトサイダーとして政権の座に就いた。彼は選挙戦では政治的エスタブリッシュメントに対抗して、ペルーが直面していた経済危機の解決において段階的手法を支持した〔就任後に撤回し、「フジショック」と呼ばれる大規模改革を断行した〕。フジモリの背後には有力な政党もなく、既存の政党と同盟を組むことにも関心がなかったことから、ペルーでは行政権と立法権との関係の行き詰まりが現実のものとなった。この行き詰まりを打開するために、フジモリは一九九二年に憲法を停止して議会を解散し、自分はただ「人民の意志」に従っているだけであると主張した。このアウトゴルペ（セルフ・クーデタ）のあと、ペルーはさらに八年間フジモリによる統治が続き、その間に体制は確実に選挙民主主義よりも競争的権威主義へと近づいていった。じっさい、フジモリは軍部――とりわけ国家情報局とそれを統括するブラディミロ・モンテシノス――との協力関係を確立しており、これにはセンデロ・ルミノソのゲリラ活動を撲滅するだけでなく、土俵を反対勢力にとって不利にする目的もあった。

最後に、非民主化の最終段階となる圧制化は、競争的権威主義体制から完全な権威主義体制への移行であり、通常は徐々に展開するとともに、さまざまの危機の発生と関連した過程になる。ポピュリズムが本質的に人民主権と多数派支配を支持することをふまえると、ポピュリストは概ねこの圧制化の過程に反対するものと考えられる。近年では、ポピュリズムの担い手が直接関与した圧制化の事例はほぼない。

おそらく数少ない例外のひとつは、ベラルーシ大統領のアレクサンドル・ルカシェンコであり、彼はまだみずからの競争的権威主義体制を——そうする機会や反政府運動の激化があるにもかかわらず——完全な権威主義体制へ変容させていない。ルカシェンコが他の元ソ連諸国にみられる完全な権威主義の「一族政治」よりも（不正が進んだ）選挙による支持に基づいた競争的権威主義体制を支持している主な理由は、彼のポピュリズム的なイデオロギーにある。彼は、野党を外国の（つまり西側の）列強と組んだ「腐敗したエリート」と言い立てるポピュリズム的な論法に基づいて、自分の（競争的権威主義）体制を正当化する。それでも、ルカシェンコが「ベラルーシの汚れなき人民」を真に代表していると主張するためには、たとえ本当の意味では競争的でない選挙であっても、対立者たちと人気を競わなければならないのである。

さまざまの介在変数

この理論的枠組みにおいて峻別されるのは、まず第一に、民主化および非民主化の過程における六つの異なる段階に対してポピュリズムが及ぼす効果である。しかしながら各段階における効果の内容や強さも、少なくとも三つの介在変数によってそれぞれ変わってくることがある。

すなわちポピュリズム勢力がもつ政治的権力、ポピュリズムの担い手が活動している政治制度の種類、国際的な情況である。

もっとも重要な要因となるのは、ポピュリズムの担い手がもつ政治的権力である。ポピュリズム勢力が野党側にいるか政権側にいるかによって、民主化の過程に及ぼす影響の強さだけでなく内容も変わる。（競争的）権威主義体制と（選挙）民主制のどちらの情況にあろうと、概して野党側のポピュリストは、エリートの牙城と称されるものを打破するため、透明性の強化とさらなるデモクラシーの実行（たとえば新体制下初の公開選挙や国民投票、リコール投票）を求める傾向にある。

政権側のポピュリストの場合、直接民主制を行使することや公的異議申し立ての原則を尊重することに対する関係がもっとややこしくなる。たしかにポピュリストたちは多数派支配を擁護するが、多かれ少なかれ一貫して国民投票の方法を用いる者はごく一部にすぎない。もっとも有名なところでは、チャベスは国民投票を何度か企画しているが、そのなかには大統領職の任期制限を取り消すことに成功したものも含まれており、これによって彼は二度の再選を果たすことができたが、改憲に失敗したものも一回あった。またポピュリズムの政治家たちは、コレアもオルバーンも憲法改正を通じて行なったように、みずからの政治権力を使って選挙の土俵を自分たちに有利となるようにすることもやっている。

重要な要因の二つ目は、政治制度の種類である。あらゆる政治の担い手と同じく、ポピュリストもいったん民主的な制度において政権に就けば、自分たちが活動する政治体制の細かな特徴によって大なり小なり制約を受ける。大統領制は「アウトサイダー」のポピュリストが権力を握るのを容易にする一方、ほかのレベルでみずからの政治目標を押し通すには支援が得られないことが多い——とくに強力な党組織を欠いている場合は。それとは対照的に、議会制のほうは政権側のポピュリストの力を制限する傾向にあるのだが、これは連立政権を組むことになることが多く、ポピュリズム政党がたいがいは自分たちよりも強い非ポピュリズム政党と協力しなければならないからだ——たとえばオーストリアのＦＰÖがこれに当てはまる。それでもポピュリズムの担い手が単独で、あるいは複数の担い手が連立を組んで、議席の過半数を手に入れれば、彼らと争う対抗勢力は少なくなる——このもっとも顕著な実例となったのがハンガリーで、オルバーンは長期にわたって特定多数の議席を頼みにし、野党に妨害行動を受けることなく憲法を改正できた。これに照らして考えると、ドナルド・トランプの就任は米国のリベラル・デモクラシーが間違いなく難局に直面することを意味している。なぜなら連邦議会は両院とも共和党によって押さえられており、それによってトランプには、二〇一六年の大統領選で約束してきたような、物議を醸す改革の多くを法制化する余地が与えられるかもしれないからだ。

最後に、国際的な情況は重要な役割を演ずる。ある国がＥＵのようなリベラル・デモクラシー諸国の強力なネットワークに統合されているならば、ポピュリズムの担い手が大規模な国際的反発を受けずにリベラル・デモクラシー体制の重要な機構を切り崩すことは、不可能ではないにしろ（オルバーン政権下のハンガリーを再度参照せよ）より難しくなる。近年ラテンアメリカのさまざまな国で左翼ポピュリズムの政権が誕生しているが、それと並行して、自分たち独自のデモクラシーのモデルを守ろうとする南米諸国連合（UNASUR）のような、新たな地域機構を結成する動きがあることは、偶然ではない。じっさい、UNASURは独自の選挙監視制度を作り上げて、南北両アメリカの主要な大陸間機構でありカナダと米国も加盟する米州機構（OAS）の制度に対抗している。

ポピュリズムとデモクラシー再考

ポピュリズムとデモクラシーとの関係の複雑さは、理論にも実践にも反映されている。本質的にポピュリズムは、デモクラシーと対立するものではなく、それよりむしろリベラル・デモクラシーと相性が悪い。ポピュリズムは、極端な多数派支配を擁護し、ある種の非リベラルなデモクラシーを支持するような一連の理念なのである。ポピュリズムは人民主権と多数派支配を強固に擁護するが、少数派の権利や多元主義には反対する。しかしリベラル・デモクラシーとの関係ですらも、一方向のみなわけではない。周縁化されたさまざまの集団に、発言権と支配力を与えようと求めるポピュリズム勢力は世界中にあるが、同時に反対勢力の存在そのものを良しとせず、政治での競争のルールを逸脱する傾向もある。

実践面ではポピュリストたちは通常、現代世界におけるリベラル・デモクラシー諸国の多くに内在する緊張関係を引き合いに出し、利用する。彼らはリベラル・デモクラシーの体制の結果の悪さをやり玉に挙げ、この問題を解決するために、リベラル・デモクラシーの方法の修正を求めて運動を起こすのである。リベラル・デモクラシーの体制がある有権者層の要望を実行しないと、政治企業家たちがポピュリズムの一連の理念を採り入れてエスタブリッシュメントを批判し、人民主権を強化する時機が到来したと主張することがある。別の言い方をするならば、法の支配と基本的人権の保護を扱う機関（たとえば選挙裁判所や憲法裁判所、最高裁判所など）によって、人民の正当な力を行使する能力範囲が制約されているだけでなく、政治制度に対する不満の増大を誘発している、とポピュリストは唱える傾向がある。

ポピュリズムは、民主化の過程の各段階に同一の効果を及ぼすわけではない。じっさいポピュリズムには、選挙民主主義もしくは最低限の民主主義を推進する際にはプラスの役割を果たす傾向があるが、成熟したリベラル・デモクラシー体制の発達を促すことにかけてはマイナスの役割を演じるきらいがある。したがって、ポピュリズムは権威主義体制の民主化を支持しやすい一方で、リベラル・デモクラシー体制の質を低下させたがるのである。ポピュリズムは人民主権を主張するが、司法の独立や少数派の権利といった、多数派支配に制限をかけるいかなるものにも反対する。ポピュリズムの政権は非民主化の過程を招来し（たとえばハンガリーのオルバーンやベネズエラのチャベス)、一部の極端な事例では民主制の崩壊に至っている(たとえばペルーのフジモリ)。

デモクラシーの制度が安定してくることがあっても、ポピュリストたちは多数派支配に制限をかけるものに対して異議を唱え続け、十分な勢力となった際にはデモクラシーの侵食の過程を引き起こすこともある。しかしながら、基本的人権の保護をもっぱら取り扱う独立した組織の存在を擁護する者なり機関から何重にも強い抵抗を受けることになるため、彼らがデモクラシーの制度の崩壊を招くほどにその存在を脅かす可能性は小さい。これは今日のヨーロッパ諸国の一部が大筋としてある程度経験していることであり、ポピュリズム勢力は選挙において優位を占めた(たとえばギリシャやハンガリー)ものの、自国の制度の仕組み全体を改造するほどの絶対的な自由はもっていないのである。

第六章　原因と対応

ポピュリズムについての議論は盛んであるにもかかわらず、各ポピュリズム勢力の成功（あるいは失敗）について確立した理論は驚くほど少ない。ポピュリズムの成功にかんする説明のほとんどは、カリスマ的指導者の出現に重点を置いており、この指導者によって、主流の政党に失望している、あるいは相手にされていないと感じている、即座に動員が可能な有権者層を惹きつけることができるのだとする。少なくとも二つの理由から、この解釈には問題がある。第一点は、ポピュリズムの担い手のすべてがカリスマ的指導者に率いられているわけではないというもの。第二点は、ポピュリズムとは、ポピュリズムの担い手が出現していようといまいと社会に存在する、道義を問題にして二元論を唱える言説であるというものだ。好むと好まざると、多くの市民がポピュリズムという色眼鏡を通して政治の世界を解釈しているのである。

ポピュリズムの担い手の成功（と失敗）を説明するためには、ポピュリズム政治の需要側と供給側の両方に留意しなければならない。理念的アプローチの大きな利点のひとつは、エリートと大衆両方のレベルにおけるポピュリズムに対応できる点にある。ポピュリズムへの需要が強い社会は、成功に適した沃土であることを意味するが、それでも信用に足るポピュリズム勢力の供給が必要となる。同時にポピュリズムの供給が強くても、それ相応の需要がなければ、ポピュリズムの担い手の失敗を招くことが多い。加えてポピュリズムの台頭を理解するには、どうやったら社会経済的・社会政治的情況がポピュリズムの需要と供給を阻害することにも促進することにもなりえるのか、考察することがきわめて肝要となる。

本書ではポピュリズムの成功と失敗について、それらの主要因を論じたあと、もうひとつの重要だが摑みどころのない問題、すなわちポピュリズムの台頭にどう対応すべきかについて取り扱うこととする。この問題に答えるため、ポピュリズム政治の需要側と供給側を対象にした、民主国家におけるさまざまな対応の見取り図を作る。本書を締めくくるにあたっては、(リベラル)デモクラシーに対してポピュリズムの及ぼすプラスの効果をもっとも強くし、マイナスの効果をもっとも弱める方法について、いくつか提案を行なう。

ポピュリズムの成功と失敗をどう説明するか

最初に少しはっきりさせておきたい。政治の担い手の成功は通常、獲得した票数(選挙での強さ)によって計られるものだが、政治的な成功を分析するには、ほかに少なくとも二つの方法がある。それは、さまざまの話題を公の議題に上らせる能力(議題の設定)とさまざまの公共政策を具体化する力量（政策の効果）である。この区別は、ポピュリズムの担い手の成功と失敗について考える際にとりわけ意味をもつ。そもそも世界の多くの地域では、ポピュリストはかなり限られた票数しか集めていないのだが、それでも議題の設定と政策の効果においては目覚ましい役割を果たしているのである。この例としては、西ヨーロッパにおけるデンマーク国民党（DF）とフランスの国民戦線（FN）を上回るものはない。両党とも国政選挙においては十パーセントから二十パーセントの票「しか」獲得していないが、移民や多文化主義のような問題を公の討論の中心に据えることに力を発揮した。主流政党に圧力を加えて、難民および移民政策の制限強化に踏み切らせた事例もある。

政治的な成功の種類を問わず、ポピュリズムの担い手が勢力を広げることができるのは、エリートのポピュリズムと大衆のポピュリズムとが合流したときのみである。したがって、ポピュリズムの成功（と失敗）を理論的に説明しようとするならば、ポピュリズム政治の需要側と供給側の両方について考えなければならないのである。前者がポピュリズム的な意識が高まったり一連のポピュリズム的理念が顕在化したりする一因となるような、散発的な構造変化を意味するのに対し、後者は政治の舞台におけるポピュリズム勢力の活躍に利するような条件のことを表わす。

ポピュリズム政治の需要側

どんな政治の担い手が成功するにしても、みずからのメッセージに対する需要がなければならない。ポピュリズムの担い手のほとんどは、何らかのナショナリズムや社会主義といった、いわゆる受け皿的《ホスト》なイデオロギーのうちひとつ以上を、ポピュリズムと組み合わせている。彼らの成功の一因にポピュリズムが指摘されることはよくあるが、選挙にかんする研究の多くはそこよりも、西ヨーロッパでの外国人嫌悪であるとかラテンアメリカでの弱者集団に対する社会経済的支援といった、付随的な特徴にばかり焦点を当てている。これには、利用可能な大衆レベルのデータが不足している結果だといえるところもある。ポピュリズム的な意識にかんする実証的研究はまだ始まったばかりではあるが、それでも確実に分かっているのは、ポピュリズム的な意識が、しかるべきポピュリズム政党（オランダなど）や社会運動（米国など）を擁する国だけでなく、そうしたポピュリズムの担い手がいない国（チリなど）の住民にもかなり広まっているということである。

世界各地の相当な割合の人口が、一連のポピュリズムの思考において重要となる部分を支持している。もっとも明らかなところでは、多くの人びとが（政治的）エスタブリッシュメントは不正直で利己的であり、密室で不正な取り引きを交わし、多数派の意見に耳を貸さないと考えている。主権を職業政治家に委任するのではなく、「人民」がもっとも重要な判断を下すべきだと考える者は多い。それにもかかわらず、しばしばポピュリズム的な意識は、潜在の状態、つまり意識の高まりや顕在化に適した情況になるまで休眠し隠れた状態になっているのである。米国のポピュリズム研究者カーク・ホーキンスの言葉を借りるなら、「われわれのなかにはウゴ・チャベスあるいはサラ・ペイリンが眠っている。問題は、彼あるいは彼女がどのようにして動き始めるのかだ」。

ここが、社会経済的・社会政治的情況のはいってくるところだ。ポピュリズムに対する需要が顕在化するのは、特定の（複数が組み合わさった）情況下においてである。社会の存在自体に対するさまざまの脅威が現われているという認識が広まったときに、それは動き出す。経済の劇的な下降のような政策の大失敗と、とりわけ組織的な腐敗の発覚が、住民のポピュリズム的な意識にとって触媒のように作用することがあるのは、そうした理由による。実例を挙げるならば、大不況や主流政党の腐敗体質を抜きにして、スペインのポデモスやギリシャの急進左派連合のようなポピュリズム政党に対する一般の支持が急上昇したことを理解するのは難しいし、通称タンジェントポリと呼ばれる一九九〇年代初頭のイタリアの汚職スキャンダルなしには、シルヴィオ・ベルルスコーニの台頭を理解することはできない。

汚職スキャンダルは、「エリート」に属する個人なり集団なりが不正な行ないをしていることを示している。それによって人びとは政治の状況に怒りを覚え、ポピュリズムという色眼鏡

１０　アレクシス・ツィプラス（左側）とパブロ・イグレシアス（右側）は、二つの左派ポピュリズム政党（それぞれギリシャの急進左派連合とスペインのポデモス）の党首であり、ヨーロッパ中で羨望と不安の両方を巻き起こした。二人は、大不況の到来を受けた緊縮財政策に反抗する取り組みによって尊敬を受けることになった、若き政治家である。

で政治情勢を読み解くことに影響されやすくなるのである。構造的な腐敗はとくに「国家機能」、すなわち国家が既存の財源・活動・人的つながりの配分を変える能力に深刻な問題を抱える国々で盛んである。脆弱な国家は、国民からの徴税（財源）や犯罪集団の取り締まり（活動）、既存の世襲型ネットワークへの介入（人的つながり）をうまく行なうことができない。国家機能に重大な問題を抱える民主的体制は、構造的な腐敗に陥りやすく、ひいてはポピュリズムが蔓延したり（たとえばエクアドルやギリシャ）ポピュリズム勢力と非ポピュリズム勢力との抗争が繰り返されたりする（たとえばアルゼンチンやスロヴァキア）可能性がある。重要なのは、ポピュリストが政権を握ったからといって、必ずしも国家が強化されたり国家機能の問題の根源に立ち向かえるようになったりするわけではない、ということだ。

ポピュリズム的な意識が目を覚ます契機となるもうひとつの要因は、政治制度が答えてくれていないと世間一般が感じることである。各政党や政府が自分たちに耳を貸さず、要求を無視していると国民が感じた場合、ポピュリズムが動き出す可能性は、少なくともエスタブリッシュメントに見放されたと感じている有権者層のなかでは大きくなる。ひとたび既存の政治の担い手に手を差し伸べてくれる者がいないと有権者が感じることがあれば、彼らは頭に描いたポピュリズムの図式で、政治の出来事を次のように解釈しがちになっていくのである。「エリートはわが身のことしか気にせず、(本当の)国民の関心事には興味がない」。西ヨーロッパにおける右翼ポピュリズム政党の選挙母体のうち、かなりの部分が「その土地在来の」労働者階級で構成されており、彼らが経済のグローバル化やヨーロッパ統合、多文化主義を採用する社会民主主義政党はもはや自分たちを代表しないと思っているのも、偶然ではない。

エリートと人民とのあいだの溝が深まる主要な理由のひとつについては、アイルランドの政治学者であった故ピーター・メアが的を射た評言をしており、彼は主流政党が、ふさわしい代表者としての役割と責任ある代行者としての役割とのあいだにある、緊張関係に直面することが増えていると論じた。市民はしばしば自分たちの代表者にあることをするよう求めるが、代表者には別のことをする責任がある、というものである。これはとくに現在のヨーロッパに当てはまることで、欧州連合（EU）は各国政府の駆け引きの余地を著しく狭め、場合によっては政府が露骨に反対している政策を無理やり実行させることとすらある。

たとえば、国際市場やEUからの圧力のせいで、スペインのホセ・ルイス・ロドリゲス・サパテロ（二〇〇四～二〇一一年）およびギリシャのゲオルギオス・パパンドレウ（二〇〇九～二〇一一年）の社会民主主義政権は、「責任ある代行者」として緊縮財政改革を断行したことで、自分たちは裏切られた、党によってもはや代表されていないと感じる大勢の有権者が不満を募らせることとなった。このことが一因となってポピュリズム感情に火が付き、当初は［スペインの］インディグナードスのような社会運動を通して、やがてポデモスや急進左派連合のような左翼ポピュリズム政党によって導かれていった。これは極端な例だとしても、EU諸国の既存政党は、反応の良さと責任を全うすることとのバランスがますます難しくなるなかで、折り合いをつけることを余儀なくされている。有権者のあいだに広がるこの緊張に正面から向き合うことも含めて、既存政党がこの難題をうまく処理できれば、それに応じてポピュリズムが盛んになる可能性も小さくなる。

似たようなことはラテンアメリカでも起きており、各国政府の政策における選択の幅が、国際市場に加え国際通貨基金や世界銀行のような国際金融機関によって、厳しく制約されている。この「最悪の事態」の極端な例は、ベネズエラでウゴ・チャベスの台頭を助長した社会経済的・社会政治的な状況である。二十世紀最後の二十年間にわたる石油価格の下落は、貨幣不足と公債の増加を招き、さまざまの恩顧的なネットワークに大きく依存していた同国の二大政党制の足元を揺さぶった。中道左派の大統領カルロス・アンドレス・ペレスが緊縮財政改革を実施した際、彼は大規模な社会騒擾とともにウゴ・チャベスという若手の中佐によるクーデタに直面した。汚職スキャンダルによってペレスが最高裁判所から大統領の座を退かせられると、政治的エスタブリッシュメントはますます信用を失い、チャベスは釈放されるや、エリート（オリガルキア）を攻撃し人民（エル・プエブロ）を賛美する強烈なポピュリズムの言説でこの不満を結集したのである。一九九八年にチャベスが大統領選挙で五十六パーセントの票を集めて当選したことは、同国における従来の二大政党制の崩壊と同時に、ラテンアメリカ史上三度目となるポピュリズムの時代の到来を告げるものであった。

ポピュリズムの台頭を分析するにあたって、現代社会における長期的で見逃しやすいさまざまの変化が、ポピュリズム意識の拡散だけでなく活発化をも助長しうるという点は、指摘しておいて無駄にはならない。米国の政治学者ロナルド・イングルハートは、戦後の西側の民主主義諸国における社会の変容により、人びとのあいだで「認知動員」（政治・宗教・文化・社会などにかんする情報摂取とそれに伴う思考・感情の動きの高まり）の過程が生まれ、人びとは以前より情報に通じ、自立し、自意識を強くしたと論じている。この新しいタイプの解放された市民は、政治エリートが当然のように支配することをもはや容認せず、あらゆる不正疑惑について激しく批判する。しかも解放された市民は、新しくなった情報環境で活動しているため、政治エリートの不正疑惑に対してはるかに意識が強い。

まず従来のメディアに対して、政治エリートからの統制が少なくなっている。多くの国では当初、新聞各紙は既存の政党もしくは政治団体によって、完全に所有・運営されていたとまではいかないが強くつながっている一方で、ラジオとテレビは国家が独占的に所有・運営していたのであって、これはつまり、どちらも政権党寄りであるか（既存の野党を含む）主流政党寄りであるということだった。今日ほとんどの新聞は政党から多かれ少なかれ独立しており、国営ラジオおよびテレビは視聴者の多くを民放のライバルに奪われた。これらすべてが、増加の一途をたどるインターネット・メディアの情報源と競争しなければならない。この信じられないほど競争の激しい市場において、メディアの各団体は本格的な政治問題に焦点を合わせるのを少なくし、ポピュリズム的な情報摂取の主食となる、犯罪や汚職といった売れそうな話題の報道を増やした。こうして生まれた政治文化は、それ自体は必ずしもポピュリズム的というわけではないが、確実にポピュリズム的なメッセージを伝えやすくなったのである。

発展途上国では認知動員の過程がもっと限られており、おもに都市部の中流階層どまりであることもよくあるが、伝統的な制度や価値観は世界中で力を失いつつある。さらにソーシャルメディアの優勢は発展途上国でも、たとえそれが民主主義国家であれ権威主義国家であれ、著しくなっている。こうした変化の重なりはイランにおける緑の革命でも、より広範な中東におけるアラブの春でも見受けられており、ともにソーシャルメディアの利用者である、力をつけた都市部の中流階層を動員できることの有力な例となっている。もし民主的な強い願望と反エスタブリッシュメント感情とが合体すれば、とくに冷遇されてきた大きな社会集団の場合は、ポピュリズム感情（もしくはその原型）が動き出すことになるのである。

ポピュリズム政治の供給側

ポピュリズムをめぐる話のほとんどは、ポピュリズムの指導者もしくは政党の台頭（と凋落）に関係している。すでにある情況を利用して、明確なかたちのなかった反エスタブリッシュメント感情を動員したり「常識による」解決策の喧伝により住民の心を摑んだりすることができるのは、このポピュリズムの担い手である。成功を収めるポピュリストとは、社会に存在する幅広い不満の数々を、「われら善良なる人民」対「奴ら腐敗したエリート」というポピュリズム的な言説を中心にして結合させることのできる者たちである。彼らがこれを行なう際は、自身のポピュリズムを依拠するイデオロギーに取り付け、後者のほうでこうした社会的不満のうちその他諸々の要点を扱う。たとえば、現代の西ヨーロッパにおける急進的な右翼ポピュリズム政党は、腐敗した（土地の人間である）エリートが（よそ者の）移民を優遇し（土地の人間である）人民を除け者扱いしていると批判する際には、移民排斥主義とポピュリズムとを結びつける。同様に南アメリカの左翼ポピュリストたちは、社会主義とポピュリズムを組み合わせて、腐敗したエリートが貧しい庶民を犠牲にしながら国の天然資源を収奪していると責め立てるのである。

すでにある社会経済的・社会政治的な情況を抜きにしても、ポピュリズムの担い手はエスタブリッシュメントが（十分に）取り組んでいない問題を政治化しようと努める。主流の政党同士が立場を接近させて綱領や公約に大きな違いがほとんど残っていないときは、ポピュリズム勢力が「奴ら」は全くの同類だと論じやすくなる。ヨーロッパで最初にこの論法をうまく展開したＦＮは、主流の四政党のことを「四人組〔文化大革命の主導者にちなんだ表現〕」と呼び、四党が密約を交わして「デモクラシーを没収した」と述べた。のちにＦＮは残った二つの既成政党のことを単一の党のように呼んでおり、両党の略語であるＵＭＰとＰＳを合体させて「ＵＭＰＳ」とした。イタリアでは、コメディアンから政治家に転身し、ポピュリズム政党である五つ星運動（Ｍ５Ｓ）の党首を務めるベッペ・グリッロが、中道左派のＰＤを「ＰＤマイナスＬ」（Pdmenoelle）と呼び、中道右派のＰｄＬと区別がつかないと論じた。

イデオロギーの接近については、もちろん主流政党も自分たちなりの対応をしている。ある問題が有権者にとって関心のあることだと分かれば、それを選んで政治的に扱うこともする。そうやって主流政党は、ライバルの既存政党に挑むだけでなく、ポピュリズム勢力を含む新たな挑戦者がはいる隙をなくすのである。別の言い方をすると、主流政党が何か行動を起こすことと起こさないこと、その両方ともが、ポピュリズム勢力の成功と失敗に大きな役割を果たすということだ。この実例は、オーストリアとスペインの急進的な右翼ポピュリズム政党について、選挙における両者の実績を比較することによって示すことができる。

スペインは、西ヨーロッパ諸国のなかで急進的な右翼ポピュリズム政党に該当するものがない、数少ない国のひとつだ。強固な地域政党やきわめて独特な選挙制度の存在のほかに、ひとつの有力な説明としては、主流の右翼政党である国民党（PP）が、カトリック信仰や治安、そして何よりも国内統一といった、急進的な右翼ポピュリズム政党に投票しそうな人びとの気にする問題の多くに取り組んでいる、ということがある。これとは著しく対照的に、オーストリア自由党（FPÖ）は二大政党同士の接近によって大きな利を得ているが、この二大政党はしばしば公式・非公式に大連立政権を組み、国の統治を行なうほかに、ヨーロッパ統合や移民といった国を二分する可能性のある問題を、政治課題や公の議題から外したままにした。

だがポピュリズムの担い手は、たんに周囲の事情から生まれた哀れな産物というわけではない。彼らはみずから積極的に、もっと肥えた温床を創り出すことに従事しているのである。なかでも顕著なのは、ポピュリストたちは危機感を創り出すことにかけては労力を惜しまない点だ。煽情的なメディアが意図せずに手を貸すかたちで、ヨーロッパの急進的な右翼ポピュリズム政党は、（比較的緩やかな場合もある）難民の増加を「移民危機」と定義しなおし、それが無能で腐敗した主流政党のせいで起きたと強く主張するのである。言葉を変えれば、選挙での強さや議題の設定、あるいは政策の効果にかんしてポピュリズムの担い手が成功するかどうかは、信用性の高い危機の物語を紡ぐ能力に大きく関係している。これはもうひとつの理由でも重要である。すなわち、ポピュリストは危機感を創り出すことで、自分たちのメッセージに切迫感と重大性を織り込むのである。

好例となるのはフィンランドで、同国は大不況《グレート・リセッション》の最初の数年間に国民総生産が大幅に縮小したものの、失業率と公的債務の増加は目立たない程度でしかなかった。したがって、フィンランドの平均的な有権者が世界経済危機によって大打撃を受けたと言ってしまうのは、相当な誇張になるだろう。それにもかかわらず、ポピュリズム政党である「真のフィンランド人」は、二〇一一年の国政選挙で十九パーセントという驚異的な得票率を獲得した。主要政党のすべてにかかわる汚職スキャンダルに助けられたものの、「真のフィンランド人」と部分的にはメディアによって創られた危機感が、同党の躍進に決定的な役割を果たした。「真のフィンランド人」は、自分たちの手厚い福祉国家がEUの緊急財政支援策や移民による「侵略」によって脅かされており、それを主流政党が黙認していると主張し、「無辜なる者たち」（と書いて「人民」と読む）は「罪深き者たち」（と書いて「エリート」と読む）による愚行のツケを払わされていると言い立てたのである。

次節にはいる前に、忘れがちだが大切な問いをひとつ立てておかなければならない。すなわち、政治文化はポピュリズム出現の可能性にどう影響するのか、という問いである。ポピュリズムの担い手は何もないところで活動するわけではない。むしろさまざまな政治文化を生み出す、歴史的な遺産をもった社会において台頭するものだ。たとえば西ヨーロッパの民主化の過程を例にとるならば、多くの場合その進行には何百年もかかっており、エリートによって厳しく統制されていた。そこで対立していたのは、君主制や地主層といった非民主的なエリート主義者たちと、リベラルや社会主義者に代表される民主的なエリート主義者たちである。じっさい、自由主義者と社会主義者のエリートは「一般庶民」に対して著しく懐疑的であり、それだからこそ彼らは参政権を段階的に、しかも仕方なく拡大していったのである(女性参政権の場合も含めて)。さらに共産主義とファシズムの台頭によってこの(庶)民に対する不信感が高まり、結果として多くの国において、選べる政治の種類を民主的なエリートが制約することになった。たとえば各国は「反民主的な」政党を禁止し、人民が二度と「間違った選択」をできないようにしたのである。

これとは著しく対照をなすように、米国にはもっと大衆的なデモクラシーの歴史があり、革命的な言辞と、まさしく「われら人民」という概念とがその特徴となっている。皮肉なことだが、実際のところ建国の父たちのうち、多くはリンカーンが「人民の、人民による、人民のための統治」と述べて有名になったものに対して、大きな留保を付けていた。じっさい、建国者たちによって作られた複雑怪奇で機能不全ともいえる政治制度は、彼らのもつ反エリート感情・反人民感情の両方を反映しており、彼らが導入したさまざまの抑制と均衡、そして彼らの設立した「大統領選挙における」選挙人団にそれぞれ見受けられる。それにもかかわらず、米国の政治文化はいつもポピュリズム色が強く、汚れなき人民と腐敗したエリートを、もしくは今風の言い方をするならば、メインストリート〔実体経済〕とウォールストリート〔金融業界〕を対立させる。人民は高潔でエリートは腐敗しているという考えは、米国史を通して上位文化《ハイカルチャー》でも大衆文化《ローカルチャー》でも広められている。

ポピュリズムの指導者や政党が手を加えなくても、アメリカ人は主流のメディアや政治家の発言において、ポピュリズム的な論調に遭遇する。さらにポピュリズム感情は、大衆文化でも大きな役割を果たしている。トマス・ペインの有名な小冊子『コモン・センス』（一七七六年）からジェイムズ・スチュワート主演の大作映画『スミス都へ行く』（一九三九年）まで、さらに近年では緊急経済安定化法に反対するジョン・リッチのカントリー曲「シャッティン・デトロイト・ダウン」（二〇〇九年）に至るまで、アメリカ人は汚れなき人民と腐敗したエリートとの永劫なる闘争について聞かされているのである。

歴史的な遺産をふまえると、西ヨーロッパ史においてポピュリズムが比較的珍しく、プジャード派のような即席政党による上意下達の動員に限られていることも、驚くには当たらない。だが「静かなる革命」による社会変容で、西ヨーロッパ各国の文化はポピュリズムの誘惑にかかりやすくなった。自由になった市民は、旧来の政治組織や社会組織による統制をみずから振り払い、エスタブリッシュメントに対して冷笑的とは言わずとも批判的な度合いを強めている。エリートが悪く解釈されるようになるのに応じて、人民は圧倒的に悪だったものが、主として善なるものへと姿を変えていった。幾多のメディアが（学問的な）専門家を見捨て、「市井の人」を重大な政局の動きを報道する際に取り立てた。主流の政治家は、人民の声たる報道記者からインタビュー攻めに遭い、「国民の関心事」に回答しなければならなくなった。これらと関係するように、「上位文化」のエリートの生活を扱う番組はほとんどが、一般人を出演させる『ビッグ・ブラザー』のようなテレビのリアリティ番組や、カーダシアン家のような「大衆文化」のセレブへと入れ替わっている。

ポピュリズムへの対応

選挙におけるポピュリストの成功は当初はラテンアメリカに集中していたが、この数十年は、世界各地の選挙戦の舞台においてポピュリズム勢力が地歩を固めてきている。その結果、ポピュリズム勢力に対処する最良の方法について、関心と議論が盛り上がっている。議論の多くの部分は戦闘的民主主義という概念に影響を受けているのだが、これはドイツの哲学者にして政治学者であるカール・レーヴェンシュタインの造った用語であり、彼は一九三〇年代に、過激な政治勢力が――彼本人が、ワイマール共和国におけるアドルフ・ヒトラーの台頭というかたちで経験したように――民主的な手段で政権を握ることを防ぐために、民主主義国家はそうした勢力を禁止べきだと論じた。ドイツは戦闘的民主主義の国であることを憲法で公式に定めている数少ない国のひとつであるが、ほとんどの民主主義国家が、少なくともその主要な点の一部を実施している——そして九・一一同時多発テロおよびそれに続く対テロ戦争以降、実施の度合いはさらに増している。

だがポピュリズム勢力への対処という点では、戦闘的民主主義の手法は著しく問題がある。なぜならポピュリズムはデモクラシーそれ自体と対立するのではなく、むしろリベラル・デモクラシーと相容れないものだからだ。ポピュリズム勢力が警戒するのは、選挙を経ていない機関の存在そのものであるが、これには必ずしも理由がないわけではなく、そうした機関が暴走して、公益を護持するよりむしろ力のある少数派の利害を守るという結果を招くことがある。つまりポピュリストたちは過激主義者とは別の、そしてより複雑な難問を民主主義国家に突きつけているということであり、したがって別の、より複雑な対応が必要になるのである。じっさい、ポピュリズムからの挑戦に過剰反応すると、リベラル・デモクラシーにとって益よりも害をなすことになりかねない。

需要側における対応

ポピュリズム政治への需要にどう対処するかについて、学問や世間一般の論議で取り上げられることは稀である。理由の一端は、大衆を魅了する（もしくは「騙す」）能力をもつカリスマ

11　オーストリア自由党の選挙における成功は、イェルク・ハイダーのカリスマ的人物像による部分が大きい。彼は演説に長け、ポピュリズムの理念を用いてエスタブリッシュメントを攻撃し、移民の問題を政治化することに労を惜しまなかった。

的な指導者を中心とした、エリート主導型の過程にポピュリズムを還元してしまう人が多い点にある。この理解でいくと、ポピュリズムはイェルク・ハイダーやウゴ・チャベスのような「偉大な人物」の台頭で説明がついてしまう。しかしながら、ポピュリズム的な意識はさまざまの社会に、カリスマ的なポピュリズムの指導者のいない社会にすらも比較的広がっている。それが目を覚ますかどうかは、凡庸な人びとが熱烈なポピュリストと化すような特定の条件が揃っているかどうかによるのであり、代表的なのは広く言えば政治腐敗、とりわけエリートによる反応の悪さである。

大きな汚職スキャンダル、なかでも構造的な腐敗は、全人口における重要な各層に、ポピュリズムの繁殖しやすい温床を生み出す。したがって、腐敗に立ち向かい防止することが、ポピュリズム政治の需要側を減衰させるうえで非常に重要な戦略となる。ここから引き出される教訓の一つ目は、いったん重大な汚職スキャンダルが明るみに出てしまったら、それを否定したり適切で透明性のある捜査を避けたりするのは、取るべき行動のなかでも最悪だということである。リベラル・デモクラシーが正統なものであるための重要な要素は、まさに自律的な機関の存在なのであり、こうした機関によって、政府当局者や選出議員たちには市民に対する責任を負わせることができるのである。重大な汚職事件をしっかりと訴追して制裁を加えることは、エリート内での腐敗の発生を減らすだけでなく、いわゆる「体制」がひとつの同質的なエスタブリッシュメントによって完全に支配されているわけではないと人民に示すことにもなる。

構造的な腐敗に対処するのが、単発の重大な汚職事件を処理するよりもはるかに困難であることは間違いない。結局のところ構造的な腐敗は「国家機能」の問題に付随していることが多く、これに立ち向かうのは決して容易ではないからだ。国家の能力全般、とくに法の支配を強化する取り組みは、ポピュリズム感情を弱まらせることに間接的に寄与する施策だとみなすべきである。国家が既存の財源・活動・人的つながりの配分を変える能力が高いほど、ポピュリズムへの需要が休眠状態を続ける確率は上がる。したがって、「デモクラシーの増進」に関わる国際組織や政府機関は、飴と鞭の方法を使って国家の能力と法の支配を強化するべきである。よくある「飴」の方策としては、政府職員の労働条件を改善したり不正に対する市民からの告発（たとえばオンブズマン）を奨励したりといったことがはいり、「鞭」のほうは、政府職員に対する監視・制裁の強化に努める、制度改革や法改正と関係している。

しかしながら、西ヨーロッパ諸国のほとんどは国家機能に深刻な問題を抱えているわけでもないのに、大衆レベルにおけるポピュリズムの蔓延に直面している。たとえばデンマークとオランダでは、構造的な腐敗も国家の能力も国内では根本的な問題になっていないにもかかわらず、強力なポピュリズム政党の出現を経験している。これを理解するためには、住民のポピュリズム感情の目覚めを促す二つ目の条件、すなわちエリートによる反応の悪さについて考えることが肝要となる。西ヨーロッパの多くの国々では、既存の各政党が代表者であることよりも責任を全うすることを優先し、その結果生じる国民の支持低下に背くかたちで、ときにはポピュリズム政党に政権を取らせないとあからさまに訴えながら、政治同盟を組んできた。明らかにこれは、ポピュリストにとって願ってもないことである。というのも、それでは「一対全、全対一」――ベルギーの急進的な右翼ポピュリズム政党、フラームス・ブロック（現フラームス・ベランフ、VB）が以前から掲げている標語――の闘争を展開するという、ポピュリストにとってお気に入りのイメージを強めることになるからだ。

主な問題点は、必ずしも既存の政党がほかのリベラル・デモクラシー政党と協定を結ぶことや、責任優先の行動をとることにあるのではなく、彼らがそうしたことを明らかにしなかったり、率直に認めなかったりすることにある。政治家のほとんどは、物事が好調であればすべて自分たちのはたらきによるものだと主張し、不調であればほぼすべて自分たちのせいではないと主張する。たとえば、経済成長は現政権の経済政策の成果であると称するが、経済下降は「グローバル化」およびEUやIMFのような国際機関のせいだと、外的なものに帰すのである。どうしても政治家は、自分が実際にもっている以上の力があるように主張して、みずからを失敗者に仕立て上げてしまう。自分たちの力にもとから制限がかかっているのを変えることができない以上、そのことについてもっと率直になるべきであり、そうした率直さのなかには、なぜこの制限を受け入れているのか説明することも含まれているのだ。これでもまだポピュリストには、より魅力的になるかもしれない物語、すなわち完全なる主権という物語を披露する余地が残されているが、少なくとも主流政党は、もっと人を騙したりしない真正な政党であるように見えてくるだろう。加えて、近年のギリシャのような国では、左翼ポピュリズムの急進左派連合政権も、「裏切り者」である前政権までの敵対勢力が屈したのと同じ経済的現実に屈しなければならず、そうした経験はポピュリズム的な選択肢の魅力を一部失わせた。

次節に移る前に、ポピュリズム政治の需要側に対処するために、大衆レベルを対象にした積極的な戦略も考えられるという点を指摘しておいたほうがよいだろう。もっとも重要なもののひとつは公民教育であり、一般市民をリベラル・デモクラシーの主要な価値観に適応させたり、また公然とはかぎらないが、過激主義の挑戦者のもつ危険性について用心させたりすることを目指す。おそらく公民教育プログラムにもっとも力を入れているのはドイツで、これを実施する単独の政府機関――連邦政治教育センター（BpB）という少々不吉な名称をもつ――すらある。全体的にみれば、公民教育は民主的な思想を強化したり、多元主義の今日的な意義を説明したりすることができ、そのことがポピュリズム的な意識を防ぐうえで重要な役割を果たすこともある。しかしながら過激な勢力に対して強く警告・用心することは、とりわけ政治的エスタブリッシュメントに対する不信やポピュリズムの担い手に対する共感をすでに強めている層には、裏目に出ることもある。

供給側における対応

ポピュリズム勢力はエスタブリッシュメントへの攻撃に走りがちであるため、後者は敵対的な反応をすることが多い。民主国家における対応には、ポピュリズム政治への需要を減衰させることを目的としたものがある一方、ほとんどの行動および行動を起こす者たちは、もっぱらポピュリズムの供給、すなわちポピュリズムの担い手を標的としている。それでもなお、ポピュリズムの言説とは裏腹に、エスタブリッシュメントは一枚岩の存在ではなく、その担い手のなかにはポピュリズムへの対応に前向きで、しかも成果を上げている者もいるのである。本書では、エスタブリッシュメントの担い手のうち、もっとも積極的で効果的な結果をもたらす以下の四者に絞って論ずる。その四者とは（一）主流の政治の担い手（二）もっぱら基本的人権の保護に努める機関（三）メディア（四）超国家的な機関である。

　主流の政治の担い手もポピュリズムの担い手も、本質的には同じ業種、つまり政治に携わっている。したがって、何かの事情によっては両者が足並みを揃えて提携を結ぶという判断をすることも可能であり、そのことが自分たちの要求の認知度を上げたり、政治的な力を手に入れたりする助けになったりもする。たとえばオーストリアやフィンランドといったヨーロッパ諸国の主流政党はポピュリズム政党との連立政権を組んでいるし、他方米国では共和党指導部の幾人かが、連邦議会での議席獲得のためにティーパーティー系のポピュリズム団体と公式・非公式に提携を結んでいる。ただし主流の政党のほとんどは逆の方向に進み、公然とポピュリズムの担い手を攻撃している。攻撃方法のひとつは、ポピュリストを擯斥することであり、たとえば一切の正式な協力関係を許さない、いわゆる防疫線を自分たちの周囲に巡らせることである——もっとも有名なところでは、これはベルギーでのＶＢ対策に当てはまる。さらに徹底した手法は、あらゆる手を尽くしてポピュリズム勢力と戦うというもので、政権の座にあるポピュリストに対してゼネストを起こす、または反乱すらも起こすこと——二〇〇〇年代初頭のベネズエラで起きたように——も含まれる。

　もっぱら基本的人権の保護に努める機関は、ポピュリストの台頭に対処するにあたっては、非常に重要な役割を担う。リベラル・デモクラシー国家では、ドイツの連邦憲法裁判所や合衆国最高裁判所といった機関が、リベラル・デモクラシーの制度を保障したり多数派支配に対する少数派の権利を保護したりするような、特別な仕組みになっている。中央ヨーロッパと東ヨーロッパでは、司法はポピュリズムの担い手に対するもっとも重要な対抗勢力であり、ポーランドのカチンスキ兄弟やスロヴァキアのメチアルといったポピュリストたちによる提議のうち、一部の非リベラルなものに対しては抵抗した。しかしながら、司法が目的どおりに機能するとはかぎらない。たとえば、エクアドルのコレア政権やハンガリーのオルバーン政権のもとで非リベラルな改憲が行なわれた際、司法はそれを阻止するのに十分な権限を有しておらず、改憲の結果こうしたポピュリズムの指導者が、権力を集中させ、法的機関のなかに忠実な支持者を据えることが可能となったのである。

ポピュリズム勢力が政治的に成功する場合も失敗する場合も、メディアは重要な役割を担っている。たとえばティーパーティーの台頭を、グレン・ベックやショーン・ハニティといったFoxニュースおよび地方ラジオ局の有名パーソナリティによる支持を抜きにして理解するのは難しい。それに似たようなことはオーストリアでも起きており、FPÖ党首のハイダーは一九九〇年代に主要タブロイド紙の『クローネン・ツァイトゥンク』で好意的に取り上げられたことで得をした。さらに近年ではイギリス独立党（UKIP）が、以前は労働党と保守党を支持していた英国タブロイド紙の『デイリー・エクスプレス』が支持を表明したことで、利を得ている。一部の事例ではポピュリズムの担い手が（ソーシャルを含む）メディアにおけるパーソナリティであり、メディアを自分の政治活動の出発地点にした者もある――ブルガリアのアタカ国民連合を率いるヴォレン・シデロフや、イタリアのM5S党首のベッペ・グリッロがこれにあたる。この手のメディア・ナショナリズムの真骨頂といえばベルルスコーニであり、彼は自党フォルツァ・イタリアの立ち上げや、首相在任中の自身に対する応援に、みずからの巨大なメディア帝国を利用した。

ドイツでは状況は著しく異なっていて、メディアは右翼・左翼のポピュリズム政党に対して強い反感をもっている。『ビルト』のようなタブロイド紙でさえ、自身はポピュリズム色の濃い言説をばらまいていながら、左翼ポピュリズム政党の左翼党（Die Linke）や右翼ポピュリズム政党の共和党（Die Republikaner）を猛烈に非難している。近年『デイリー・エクスプレス』が支持の鞍替えをしたにもかかわらず、同様の状況は英国にも存在する。たとえばすべてのタブロイド紙がイギリス国民党（BNP）に反対する見出しを一面に掲載し、一番有名な『サン』の見出しは同党を「くそったれのいやな奴ら」〔BNPの頭文字をとってBloody Nasty People〕と表記した。言説を共有しつつも闘争では一致しない、こうしたポピュリズム・メディアとポピュリズム政治家との奇妙な愛憎関係は、世界各地でもごくありふれたことであり、これはタブロイド紙のメディアを所有し運営しているのが、ほぼ決まって主流の勢力であるという事実から生じている。

超国家的な機関もまた、ポピュリズム勢力への対処にあたっては重要となる。ＥＵと米州機構（ＯＡＳ）の基本的な機能のひとつは、（自由《リベラル》）民主主義《デモクラシー》の推進および保護である。実際においても、ポピュリズム勢力が政権を握ること──たとえば二〇〇〇年にオーストリアの連立政権がＦＰÖを加えたこと──あるいはポピュリズムの担い手が企てた何らかの行動──たとえば一九九二年にフジモリがペルー議会の解散を決定したこと──に対して、両機関とも折にふれて猛然と反発してきた。しかしそれでも、チャベスやオルバーンの例が示しているように、超国家的な機関がポピュリストに対して直接行使できる権限はささやかなものでしかない。問題の一端は、自国がリベラル・デモクラシーでおのさまざまの基準を遵守しているかどうかを、各国政府が国外の組織に査定させたがらないことに起因する。また、ＥＵのような超国家的な組織への加入資格に規準を設けても、いずれはそれほど役に立たなくなる。つまりサークルの一員になってしまえば、超国家的な組織は、その国がデモクラシーや法の支配をしっかり守り続けているか監視する資格をほとんど有していないのである。最後に、実際のポピュリストのなかには、超国家的機関からの制裁から守ってくれそうな──欧州人民党がオルバーンを守ったように──あるいはその影響を緩和してくれそうな──エクアドルとニカラグアのポピュリズム体制にチャベスがしてくれたように──国際的な味方を、ポピュリスト・非ポピュリストを問わず当てにする者もいる。

では、ここまで手短に論じてきた、民主国家でのポピュリズム政治の供給に対する、主な反応の数々から学べることとは何だろうか。もっとも意味のある教訓は、さまざまな戦略がポピュリズムへの対処に使えるということであり、そのほとんどは敵対と協調という二極のあいだに位置する。一方では、ポピュリズム勢力を攻撃するか、あるいは攻撃したうえで、擯斥することによってやり返すという選択肢もある。それに対して、ポピュリストの提起した問題（あるいはその一部）を検討するか、あるいは検討したうえで、連立政権を組むなどポピュリズム勢力を政治制度のなかに完全に包含することによって、彼らと関わり合っていこうとすることもできる。結局のところ、ポピュリズムからの挑戦者に対応するのに万国共通の最善の解決策など、存在しないのである。現実に存在する戦略はすべて、完全な敵対と完全な協調という二極のあいだのどこかに当てはまるわけで、ほとんどの場合はさまざまな戦略の組み合わせが実施されるのだ。

どちらの戦略のほうが有効なのかは、その国の民主制とポピュリズムからの挑戦者、両者の具体的な特徴によって概ね変わってくる。しかしながら下策とされるものが二つ、残念ながらどちらもよく提唱されているのだが、確認されている。ひとつ目は、多くの場合、エスタブリッシュメントの担い手同士が協調してポピュリストたちに真正面から攻撃を加えるというものである。ひとまとめに「奴ら」を「邪悪」で「愚か」なものと描くことで、エスタブリッシュメントの担い手はポピュリストたちの思うつぼになってしまう。彼らにとっては、自分たちの政治闘争を「一対全、全対一」のように描くことができるからだ。二つ目は、一部のエスタブリッシュメントの担い手が唱えていることだが、ポピュリズムの担い手を打倒できるのは、彼らのポピュリズム的なメッセージを部分的に採り入れることによってのみである、というものだ――こちらは西ヨーロッパの数カ国で、社会民主主義政党が急進的な右翼ポピュリズム政党を撃退しようと試みるなか、提案されてきた。どちらの手法も、政治および社会を道義ばかりで捉え両極化する傾向を加速させ、それによってリベラル・デモクラシーの基盤となるさまざまなものを根底から崩していくことになる。

ポピュリズムの非リベラルな反応

ポピュリズムはデモクラシーの一部である。しかしながら、ポピュリズムとは、鏡に映ったデモクラシーの姿というよりは、リベラル・デモクラシーの（やましい意味で）本心なのである。デモクラシーと自由主義《リベラリズム》が支配的な世界においては、ポピュリズムはどうしても非民主的な自由主義に対する非リベラルな民主的反応となる。ポピュリストたちは、憲法裁判所や国際金融機関といった自由主義的な機関や政策にある、さまざまの非民主的な側面について厄介な問いを投げかけてくる。そして彼らが出した非リベラルな回答は、しばしば住民の大部分から支持される（死刑の再導入など）。リベラル・デモクラシーには、多数派の要望と少数派の権利とのあいだで緊張関係（の生じる可能性）が内在している。従来は、合衆国最高裁判所での有名なブラウン対教育委員会判決（一九五四年）やロウ対ウェイド判決（一九七三年）のように、結果として憲法裁判所が政府の判断を退けることが行なわれ、それぞれ人種隔離を禁止したり中絶を合法化したりした。この数十年で、欧州中央銀行（ＥＣＢ）や国際通貨基金（ＩＭＦ）といった選挙を経ていない団体やテクノクラートの機関が、重要な政策分野に対する統制を確立し、それによって選挙で選ばれた政治家たちの権限は大きく制約された。新自由主義的な改革を広く実施し、ニュー・パブリック・マネジメント〔公共サービスに民間の経営手法を導入し効率化を目指す考え方〕のような活動方針を採用したせいで、各国政府は私企業や多国籍の組織、そして市場の見える（あるいは見えざる）手によって、厳しく束縛されるようになったのである。

主流の政治家たちは、こうした政策を積極的に施行してきたが、市民に対してその価値を説こうとすることはめったになかった。それどころか彼らは、これらの政策が必要なこと、あるいは避けられないことですらあり、国外の強力な組織（ＥＵやＩＭＦなど）や事態の進行（グローバル化など）によって押し付けられたものであるように見せることが多い。その結果、こうした政策の少なくとも一部がどの程度まで間違っているのか、あるいは益よりも害のほうが多くなるような意図せぬ結果をどの程度まで招きうるのか、ほとんど時間をかけて討論することがなくなってしまう。じっさいエリートたちは、選挙を経ていない団体やテクノクラートの機関の影響増大を利用して、緊縮財政や移民など議論の紛糾しそうな政治問題から政治性を取り除き、選挙に敗北する危険性を最小に抑えてきたのである。この実例として右に出る者のないＥ

Uは、選挙を経ていないがゆえに大衆の圧力からほぼ隔離されたさまざまの機関へ権限を委任するよう、意識した構造になっている。したがって、「デモクラシー上の欠損」が欧州連合（EU）とほぼ同義になり、ポピュリストたちがヨーロッパ統合にますます懐疑的になっているのも不思議なことではない。彼らは国内およびヨーロッパのエリートのことを、人民の要望を顧みず、なおかつ逆らうかたちで（新）自由主義を推し進める、全権力を有す超国家的な組織を作り出したと非難するのである。

ポピュリズムは多種多様な姿かたちをとって、じつにさまざまな文化的・政治的情況において動員を行なうが、ポピュリズムの担い手たちはいずれも、政治論議を道義の面から扱い、相手にされてこなかった問題や集団を（再び）政治化しようとする。ポピュリズムはよく複雑な問題に対して単純な解決策を唱えるが、その一方で反ポピュリズムも同じことをしている。ポピュリストたちは、リベラル・デモクラシーのものを含めすべての政治体制に対して、複雑な難題を突きつける。ポピュリズムに対処する最善の方法は——実際にやろうとすると難しいのだが——ポピュリズムの担い手および支持者たちとの率直な対話に取り組むことである。この対話の狙いは、ポピュリズムのエリートおよび大衆による主張や不満をもっとよく理解し、それらに対してリベラル・デモクラシーにふさわしい回答を展開することに置くべきである。それと同時に、現場の人間も研究者も、メッセージの発信者よりメッセージのほうに焦点を当てるべきである。ポピュリストたちが間違っているとはなから決め込むのではなく、その政策提案がリベラル・デモクラシーの体制の範囲内でどれほどの利点があるのか、真剣に分析しなければならない。

ポピュリズムの支持者たちを、また一部のエリートさえも納得させるためには、自由《リベラル・》民主主義者《デモクラッツ》は「人民」に媚びるような極度に単純化された解決策も、一般市民の道徳的・知的能力を一蹴するようなエリート主義的な論調も避けなければならない——どちらもポピュリスト側を強化することになるだけである。一番大事な点として、ポピュリズムがしばしば正しい問いを発して誤った答えを出していることをふまえると、究極の目標はポピュリズムの供給を絶つだけではなく、ポピュリズムの需要を低下させることにも置かねばならない。リベラル・デモクラシーを本当に強くするのは後者だけなのだから。

訳者解説　「妖怪」ポピュリズムとの付き合い方

一　二つのポピュリズム観をめぐって

「一匹の妖怪が世界を徘徊している。ポピュリズムという妖怪が」（ふらんす誌、二〇一三年四月号）。訳者がそう書いて五年が経つ。だが、その勢いはとどまるところを知らない。なにしろ、いまや世界でもっとも影響力のある民主国家、アメリカ合衆国の頂点にポピュリストが上り詰めたわけだから。

この一年で日本国内でもポピュリズムに関する二つの入門書が出版された。くしくも同名の、水島治郎『ポピュリズムとは何か』（中公新書、石橋湛山賞）と、ヤン＝ヴェルナー・ミュラー『ポピュリズムとは何か』（岩波書店）である。ただ、「両著の与える印象はかなり違っている」（宇野重規「時代を読む――ポピュリズムの実相」東京新聞朝刊、二〇一七年五月七日）。そう評される理由は、一方がポピュリズムを警戒しながらも、「既成政党に改革を促す起爆剤になりうる」とするのに対して、他方はそれを「あくまで危険な対象である」と断じるからだ。確かに、水島氏の新書はポピュリズムについてバランスよく概説しながら、民主主義に対する脅威とだけ論じるのではなく、それには民主主義を活性化する面があることを——ヨーロッパの一部ではリベラルの諸価値と反しないと主張されることがあることを含め——明らかにした点で、類書に比べて新鮮な印象を与える好著である。

この点で、同書が本書『ポピュリズム』の著者の共同研究を参考にしているのは偶然ではない。ミュデとカルトワッセルは、すでに二〇一二年に刊行された編著『ヨーロッパとアメリカ両大陸におけるポピュリズム——デモクラシーの脅威か矯正か』のほか、多数の共同論文を執筆し、翌年には『オックスフォード政治イデオロギー事典』の「ポピュリズム」の項目を二人で著しているが、デモクラシーに対するその脅威だけでなく、その修正力の側面にもこれまで光を当ててきた。というのも、ポピュリズムは民主国家にとってある種の不可避的な現象で、もっと言ってしまえば、民主主義のある本質を現表しているものであるとすれば、それを否定することは民主主義を否定することになりかねないからだ。そして事実、ポピュリズムはデモクラシーに積極的な効果をもたらすことがあったし、あり得るという。訳書の副題をあえて「デモクラシーの友と敵」としたのは、ポピュリズムのこうした両面性を強調する本書の特徴を言い表わしていると考えたためである。

もちろん、本書の最大の特徴は、近現代のポピュリズムを縦軸（歴史）と横軸（地域）にわたって最大限に幅広く概説していることにある。この点では、入門書とはいえ、かなり多くの情報量が含まれている。読者は、六章のうちどれか一つを読むだけでも多くを学べるはずである。たとえば、第一章はポピュリズムとその研究について概観できるし、第二章を読めば全世界のポピュリズムの過去と現在がざっと理解できる。アメリカの左右のポピュリズム運動のほか、現代のボリビアのような南米諸国、ハンガリーやポーランドなど中欧・東欧諸国への広い目配りは本書の長所である。

とはいえ、世界のポピュリズムをただ紹介する類の概説書ではない。本書が類書に比して魅力をもち、あえて翻訳される意義があるとすれば、その独自の分析手法と視点にあると思われる。つまり、従来しばしば主張されてきたように、ポピュリズムを単なる政治手法やスタイルとする見方を退け、独特な（主要なイデオロギーに依拠＝寄生する）イデオロギーないし理念の集合として分析したことである。これによって、ポピュリズムの担い手（ポピュリスト）と彼らの言動に関心を偏重させることなく、その現象を可能にする需要面にも目を向けることが可能になったのである。ポピュリズムが単に指導者の政治手法であれば、彼／彼女たちのレトリックが大衆を「騙している」、「デモクラシーに対する脅威だ！」と言い立てれば済むかもしれないが、そうした指導者を含むポピュリズムという政治現象を生んでいるのが大衆自身だとすれば、ことはさほど単純ではない。供給面とともにこの需要面に向き合うこと、すなわち前述のようなポピュリズムの二面性に向き合うことで、本書はそれとの付き合い方を提示しようとするのである（第六章）。もちろん研究史では、ポピュリズムを単なる政治手法とばかり論じてきたわけではないが、そうした見方が一般に根強いことを考えれば、こうした視点が概説書として提示される意義は大きい。

二　デモクラシーの敵？

本書が主張するように、ポピュリズムはデモクラシー自体の敵ではない。それゆえ、それをただ否定するのではなく、その積極的な効果に注目しなければならない（その効果については第五章で図式化されている）。しかし、それはリベラル・デモクラシーの敵となりうる。本書の著者ミュデとカルトワッセルは同章で、民主政が「権威主義化」する過程を細かく分類しながら読者の注意を喚起している。それは、政権の座に就いたポピュリストが、人民の意志――ポピュリズムの中核概念である「一般意志」――とその民主的正統性を盾に、「法」の支配の守護者である司法府や憲法を攻撃することによく表われているという（本書ではポピュリズムそれ自体とはさしあたり区別されるポピュリストに対してはやはり手厳しい）。そういった現象は世界中で見られ、この典型として例示されるのが、ベネズエラやエクアドル、ハンガリーやポーランドなどの憲法改正の動きである。同様に、今注目されるのはエルドアンのトルコやプーチンのロシアだろう。

ヨーロッパに目を向ければ、昨年は仏大統領選挙と独連邦選挙の年で、結果だけを見れば、フランスではマクロンが決選投票に進んだ国民戦線のマリーヌ・ルペンを退け、ドイツではメルケル率いるCDU（キリスト教民主同盟）が第一党を維持、政権が存続する見通しである（現在、SDPと連立政権樹立に向け交渉中）。しかし、共和国最年少の大統領の誕生というインパクトと、その後に行なわれた国民議会選挙での即席政党「共和国前進」の大躍進も手伝って忘れられがちだが、大統領選では両者の一回目の得票率の差はわずか二パーセントにすぎず、ドイツでも急進的な右翼政党AfD（ドイツのための選択肢）が第三党に躍り出たのは事実だ。EUの両枢軸国の動向は、ポピュリズムの世界的影響を考えるうえで目が離せないが、同年に刊行された本書にはこの辺の考察は残念ながらない（なお、著者ミュデはマクロンの勝利後、ヨーロッパの中道右派政党がポピュリズム政党の支持者を取り込むために右傾化、具体的には排外主義に傾いていることを誤った「良きポピュリズム」と呼んで警鐘を鳴らしている。'Europe's centre-right is on the wrong track with 'good populism',' *The Guardian*, October 31, 2017.）（以下、新聞記事はすべて電子版を参照した）。

このようにヨーロッパにどうしても目が向きがちだが、ポピュリズムといえば、本書でも紙幅を割いて論じられるアメリカ両大陸の動向も目が離せない。とくに中南米では今年、大統領選挙が続く。同地域の大国ブラジルとメキシコをはじめ、コロンビア、ベネズエラ、コスタリカ、パラグアイといった国々である。ベネズエラでは故チャベス後継マドゥロの再選が濃厚とされる一方、七月と十月にそれぞれ大統領選が行なわれるメキシコとブラジルでは左右のポピュリズム政権が誕生する可能性が伝えられている。それは確かに政治手法に着目すれば、従来的な〈解放の論理〉に依拠しているようにも見えるが、ブラジルでは近年の政権中枢の汚職や左派政権の移民政策に対する反発がポピュリズムの原動力になっているとされ、そのなかで〈抑圧の論理〉が働くことも十分に考えられる。こうしてポピュリズムは、一方の論理から他方の論理へ振り子のように容易に振れるのである。そして、民主主義の〈専制化〉、リベラル・デモクラシーの破壊の誘因となることもある。

ポピュリズムは、民主主義が「大衆化」するなかで生まれた現象であり、その一つの結果として人類は全体主義の時代を経験したのは確かである。だからポピュリズムはなお全体主義や独裁政と関連づけて語られることが多い（本書によれば、ファシズムや共産主義それ自体は「ポピュリズム的というよりもエリート主義的」である）。それにもかかわらず、二十世紀の全体主義の経験が浮かび上がらせたのは、その大衆化がある意味では民主政を逸脱するというより、それに内在するという事実である。逆に言えば、それまでの理念としての民主政は錯覚（illusion）の上に成立していた。この峻厳な事実を、われわれに突きつけるのは、政治思想家ハンナ・アーレントである。彼女によれば、全体主義運動の成功はあらゆる民主主義者が信奉していた「二つの錯覚」の終わりを意味していた。少し長いが引用しよう。

その第一は、一国の住民はすべて同時に公的問題に積極的な関心をもつ市民でもあり、全員が必ずいずれかの政党に組織されるというところまではいかなくとも、それぞれに共感を寄せている政党はあり、たとえ自分では投票したことがなくともその政党によって自分も代表されていると感じている、という錯覚である。ところが運動が実証してみせたのは、たとえ民主政のもとでも住民の多数派をなしているのが政治的に中立で無関心な大衆であることがあり得ること、つまり、多数決原理に基づいて機能する民主政国家でありながら、実際には少数者だけが支配しているか、あるいは少数派しかおよそ政治的な代表者を持っていないという国がある、ということだった。

(『全体主義の起原3　全体主義』大久保和郎、大島かおり訳、みすず書房)

現代のポピュリズムの主張と重ならないだろうか。つまり、民主主義者（主に政治エリート）は市民が既存政党に代表されていると感じていると考え、あるいはそう考えなくともそれを前提にしたシステムに依拠しているが、現実にはそう感じなくなった多数派が気づき始めたのは、この国が特権的「少数者」によって代表されているのではないかということだった。その疑心の結果として露呈したのは「第二の錯覚」の終焉、政治的に無関心な大衆が政治化しうるという事実とその衝撃だった。再びアーレントの言葉を聞こう。

全体主義運動が叩き潰した第二の錯覚は、大衆が政治的に中立で無関心なら政治的な重要性も持たないわけだし、たとえそういう大衆がいるとしても実際に中立的な立場を守り、たかだか国民の政治生活の背景をなすにとどまっている、とする考えである。全体主義運動は権力を握った国にとどまらずすべての国の政治生活全体に深刻な衝撃を与えたが、それはつまり、民主政という統治原理は住民中の政治的に非積極的な分子が黙って我慢していることで命脈を保っているにすぎず、民主政は明確な意志表示をする組織された公的諸機関に依存しているのとまったく同じに、意志表示のない統制不可能な大衆の声にも依存している、ということがはっきりと露呈されたからである。（同上）

本書『ポピュリズム』が明らかにしているように、ポピュリズムとは「声なき多数派《サイレント・マジョリティ》」に〈声〉を与える政治現象である。確かに『全体主義の起原』の著者にとって、「アトム化」し根無し草《デラシネ》になった個人からなる「大衆」の政治化は否定されるべきものだった。しかし、彼女が結果的に証ししているのは、ほかならぬ民主政という統治形態がこの「多数派」を不可欠とする（あるいは大衆化によってそうなった）という事実であり、そうだとすれば、この事実を否定することは民主主義を否定することになりかねない。しかも、社会の多数派にとって問題とされる不満に対処すること、その過程で既存の特権的「少数派」の支配を批判することはそれ自体、きわめて「民主的」な現象ではないか。

かくしてポピュリズムは、デモクラシーの敵であるというよりも、ある面では（理念ではなく）赤裸々に現われたデモクラシーそのものでもあると言えるのではないか。問題は、それが全体主義を招来しないまでも、いかにして極端に過激化し排外主義に陥りうるのかということにある。最後にこの点について現代アメリカを例に少し考えてみたい。

三　過激化するポピュリズムの心理――〈世代〉問題の視点から

ロバート・ペン・ウォーレンの『すべて王の臣』（白水社、ピュリツァー賞）は、アメリカのポピュリストの草分け、ヒューイ・ロングをモデルに書かれたとされる長編小説だが、その「はしがき」にはこうある。「わたしの描く政治家は、その行動の個人的な動機はある意味では理想主義的であり、多くの点で社会改善の大義のために尽くすことにはなるが、力によりさらには堕落と戦う力によってさえ堕落するような人間ということになるだろう……」。著者は小説のなかでこれを「歴史的犠牲の理論」によって説明してみせる。方法が仮に道徳的に悪だとしても、またなんらかの犠牲を出すことがあるにせよ、目的が崇高でかつ結果が（多数派にとって）良ければいいではないか――。これは〈解放の論理〉に基づく資本主義黎明期のポピュリズムの典型で、結果が良いことが前提とされている。その独裁的手法の問題、すなわち結果が良ければ手段は悪くても構わないという、いわゆるマキャヴェリズムがよく問題にされる。しかし、そもそも結果が良いことは自明なのか。仮にその政策が支持者にとってさえ良い結果を生まなければ、ポピュリズムは負の連鎖に陥るのではないか。いや、現状が改善されないためにむしろ過激化するだろう。

本書『ポピュリズム』によれば、ポピュリズムは時代や地域の情況によって異なるものの、社会のなかでもっとも問題とされる不満が原因になるという。そうした不満は、社会経済的な不平等、格差と関係していることは誰も否定しないだろう。しかし、それは従来のような「貧困」では必ずしもない。この原因を見誤れば、あるいはそれを——意識的あるいは無意識的に——曲解して政策を遂行すれば、有権者にとって比較的(完全ではない)満足な結果も得られない。そして、より悪いことに、そのことがポピュリズムを〈排除の論理〉に転化させるおそれがある。つまり、国民の熱望は失望にかわり、刹那的(ときには暴力的)な行動へと駆り立て、一向に解消されない不満を「よそ者」に帰責しかねない。じっさい国内外で、移民をはじめ政治的マイノリティとされてきた——社会のなかで劣位に扱われてきた——諸集団が「特権的」少数派として攻撃される(少数派の意味をめぐる)逆転現象が生じている。

この点を考えるうえで示唆的なのは、実業家のトランプ氏を最終的に大統領に押し上げたのが(主に白人労働者からなる)「中流階級」だという指摘である。彼が正式に合衆国大統領に選出された一昨年の十二月、そう報じた複数の米メディアが依拠したのは、スタンフォード大学のラジ・チェティ（Raj Chetty）教授率いる経済学者チームが公表したデータだった。つまり、アメリカで一九八〇年代に生まれた子どもが親よりも多くの所得を稼ぐ割合は半分でしかなく、一九四〇年代に生まれた子どもの同割合は九十二パーセントだったが、その比率は第二次世界後右肩下がりに下落してきたというものだ。しかも、その下げ幅は、最終的に大統領選を決することになった中西部工業都市の中流階級出身者において顕著であり、それは下層階級よりも大きいという。結局のところ、「トランプが大統領選の焦点にしたのは不平等ではなく、経済が自分たちにとって親の場合と同じようには期待に応えるものではないと感じる労働者たちに彼は直接訴えたのだ」（二〇一六年十二月八日 WP 記事）。つまり、彼は格差を解消するとは言っていない。その格差を不当に生んでいる——競争を妨げている——とされる既得権益を罵倒する一方、貧しくともみずからの力で豊かになれる「アメリカン・ドリーム」を再び（！）と主張したのである。

その後、同選挙については詳細なデータ分析がなされたが、じっさいトランプを大統領に押し上げたのはどの階層かは「中流階級」の定義にも左右されるし、一概に言うことはできない。しかし、同階級のその意味で相対的な格差が、米国史でも異例の大統領の就任を可能にしたのは確かだろう。そして、そのポピュリズムの動因になったのが、〈期待の格差〉だということを見逃してはならない。同趣旨の報道をした米紙は、「人びとの幸福は自分の生活の相対的な地位にひどく影響を受けるものである」と、心理学の知見を交えて説明している。そして、目の前にいる親ほど、その心理に影響を与える存在はいないという（二〇一六年十二月八日*NYT*記事）。上の世代を見て、自分はそれ以上、また悪くても同等な生活ができると期待しながら、それが叶わないときの落差による失望は大きく、彼は（以前から）同等な境遇にある他の人間よりも自分が不幸であると感じるものである。

ところで、アーレントが「偉大な発見」と呼んだこの知見をかつてフランス革命の原因分析に応用したのは、アレクシ・ド・トクヴィルの『アンシャンレジームと革命』（一八五六年）である。同書では、旧体制下で改革が進み前より豊かになった民衆のなかで期待が上昇する一方、それ以上の富の獲得を阻んでいるとされる特権階層への不満が増大し、その怨恨《ルサンチマン》は——日常的な政治参加の経験と不満を政治争点化する経路をもたない彼らをして——暴力的な行動へと駆り立てたとされる。要するに、事実上の絶対的あるいは客観的な格差よりも、想像上の相対的あるいは主観的な格差のほうが総じて人間の情念を刺戟し、とりわけ社会経済に関わる憎しみは人を暴力的にしてきた。それに対して、社会改善、改革と称してむやみに期待値を上げるのは得策ではない。

アメリカの例に戻れば、斜陽産業を財政的に援助することはそれに従事する労働者を一時的に助けるだろうが、現実には——かつてのような全産業の業績が上向きの高度成長時代でもなければ——バラマキには限りがあり、それによって他の成長産業との溝がますます開くなかで、前述のような格差が解消されることはない。いや、むしろ期待が失望に転化すれば、その種の格差は開いていく可能性が高い。そうだとすれば、そうした政策は有権者の怨恨を倍加させかねない。それはポピュリストにとっては好都合かもしれないが、当該の有権者にとって良い結果だとは言えない。

われわれ有権者にとって、幸福の条件となるのは一時的に所得を上げてくれることよりも、中期的には新たな産業と雇用の創造、長期的にはその土台となるようなエネルギーのあり方を含めた生活様式ないし水準について、高度経済成長世代とは違うモノサシの再発見ではないか。つまり、ポピュリズムをデモクラシーの友としていくには、国民が己の不満とその熱狂を政策に変換してゆく経路が、従来の価値観から離れて探求される必要があるのだろう。それがいまや「ラストベルト」に住む人間だけの特殊な課題ではないと言えるのは、経済のグローバル化が進展していることと並んで、そうした格差意識や嫉妬、不満は貧富の差にかかわらず誰もがもつ「民主的」感情であり、いつでもどこでも暴発しうるからだ。米国のポピュリズム研究者カーク・ホーキンスの言葉をもじって、「われわれの中にはドナルド・トランプが眠っている」と言えるのは、この意味においてである。

ポピュリズムの趨勢を精確に透視することは誰もできない。ただ、民主政という統治形態をとるかぎり、それから完全に免れることはできないということは確かなようである。ポピュリズムを極端にもするグローバル化した世界において、われわれはそれを引き受け、その両面に注意していく必要がある。上から責め立てるだけの物言いは、逆にエスタブリッシュメントに反発するポピュリズムの過激化の温床となるばかりである。できるだけ冷静にバランスよく、この「妖怪」に寄り添うこと――ミュラーも前掲書でその必要性は認めているように（おそらくは出口のない）対話を重ねること――、それはわれわれがデモクラシーを生きるうえで避けられない。その歩みのなかで本書は必須のハンドブックとなるはずである。

＊＊＊

本書は、オックスフォード大学出版会の A Very Short Introductions シリーズの一冊として刊行された *Populism: A Very Short Introduction*（Oxford University Press, 2017）の全訳だが、刊行後に著者の希望で数カ所に挿入された文章も合わせて訳出したことを付け加えておく。A４で五枚ほどの分量のものだが、基本的にはすべて本書脱稿前には決していなかったアメリカ大統領選、とくにトランプ現（訳書脱稿時）合衆国大統領に関わる文章である。

最後に、著者の経歴について簡単に記しておこう。カス・ミュデは、ジョージア大学（アメリカ）国際関係学部准教授。一九九八年にライデン大（オランダ）で政治学の博士号を取得後、エディンバラ大（スコットランド）助教授、アントワープ大（ベルギー）准教授などを歴任。二〇一四年から現職。著書に、*The Ideology of the Extreme Right* (New York: Manchester University Press, 2002)、*Racist Extremism in Central and Eastern Europe* (London, New York: Routledge, 2005)、*Populist Radical Right Parties in Europe* (Cambridge, UK New York: Cambridge University Press, 2007) などがある。三番目の著書は、国際社会科学協議会 (International Social Science Council) などが主催する優れた社会科学研究に贈られるスタイン・ロッカン賞を受賞している。なお、オランダの急進的な右翼活動家として知られるティム・ミュデ (Tim Mudde) は実兄である。

クリストバル・ロビラ・カルトワッセルは、ディエゴ・ポルタレス大学(チリ・サンティアゴ)政治学部准教授。二〇〇八年にベルリン・フンボルト大(ドイツ)で政治学の博士号を取得後、サセックス大(イギリス)でリサーチ・フェローなどを務めたのち、二〇一三年から現職。短著に、*Kampf der Eliten: Das Ringen um gesellschaftliche Führung in Lateinamerika, 1810-1982* (Frankfurt, New York: Campus, 2009)、編著に、既出のミュデとの編著 *Populism in Europe and the Americas: Threat or Corrective for Democracy?* (Cambridge: Cambridge University Press, 2012) のほか、*The Resilience of the Latin American Right* (Baltimore: Johns Hopkins University Press, 2014) などがある。

なお、翻訳作業については、最初に髙山と永井が前半と後半をそれぞれ訳したあと、お互いの訳文をチェックし表記を統一した。これが「トクモン」としての二回目の訳書になる。小著ということもあったが、作業はほぼ予定通りに進んだ。そして今回も、編集者の竹園公一朗氏の協力を得た。わたしが本書の刊行が予定されていることを知り、国内でもポピュリズムについて考えるうえで基本的かつ不可欠な文献におそらくなることを竹園氏に話すと、いつもの迅速さであっという間に企画化され翻訳することになっていた。感謝を申し上げたい。また、お名前は記さないが、家族や同僚をはじめ、この翻訳作業を見守ってくれた、普段からお世話になっている方々すべてにお礼を伝えたい。

二〇一八年二月十二日

高山裕二

訳者略歴

永井大輔（ながい・だいすけ）
一九七四年生まれ。東京大学大学院総合文化研究科博士課程単位取得退学。二〇〇三年から〇五年まで英オックスフォード大学に留学。現在、法政大学および武蔵大学兼任講師。専門は十九世紀アイルランド史。フィリップソン『アダム・スミスとその時代』（白水社）、同『デイヴィッド・ヒューム』（同）他。

髙山裕二（たかやま・ゆうじ）
一九七九年生まれ。早稲田大学大学院政治学研究科博士課程修了。博士（政治学）。現在、明治大学政治経済学部准教授。専門は政治学・政治思想史。『トクヴィルの憂鬱』（白水社）で渋沢・クローデル賞、サントリー学芸賞を受賞。『社会統合と宗教的なもの』（編著、白水社）、『共和国か宗教か、それとも』（同）他。

ポピュリズム
デモクラシーの友と敵

二〇一八年三月一五日　印刷
二〇一八年四月一〇日　発行

著　者　カス・ミュデ
　　　　クリストバル・ロビラ・カルトワッセル
訳　者©　永井大輔
　　　　髙山裕二
発行者　及川直志
印刷所　株式会社三陽社
発行所　株式会社白水社

東京都千代田区神田小川町三の二四
電話　営業部　〇三（三二九一）七八一一
　　　編集部　〇三（三二九一）七八二一
振替　〇〇一九〇-五-三三二二八
郵便番号　一〇一-〇〇五二
www.hakusuisha.co.jp

乱丁・落丁本は、送料小社負担にてお取り替えいたします。

誠製本株式会社

ISBN978-4-560-09617-8

Printed in Japan

索　引

あ行

か行

さ行

た行

な行

は行

ま行

や行

ら行

わ行

文献

第一章

Margaret Canovan, *The People* (Cambridge, UK: Polity, 2005).
Rudiger Dornbusch and Sebastian Edwards, eds., *The Macroeconomics of Populism in Latin America* (Chicago: University of Chicago Press, 1992).
Lawrence Goodwyn, *Democratic Promise: The Populist Moment in America* (New York: Oxford University Press, 1976).
Richard Hofstadter, *The Age of Reform: From Bryan to FDR* (New York: Knopf, 1955). （R・ホーフスタッター、『改革の時代：農民神話からニューディールへ』、清水知久ほか訳、みすず書房、一九八八年。）
Ghita Ionescu and Ernest Gellner, eds., *Populism: Its Meaning and National Characteristics* (New York: Macmillan, 1969).
Ernesto Laclau, *On Populist Reason* (London: Verso, 2005).
Ernesto Laclau and Chantal Mouffe, *Hegemony and Socialist Strategy: Towards a Radical Democratic Politics* (London: Verso, 1985).（エルネスト・ラクラウ、シャンタル・ムフ、『民主主義の革命：ヘゲモニーとポスト・マルクス主義』、西永亮・千葉眞訳、筑摩書房、二〇一二年。）
Cas Mudde, "The Populist Zeitgeist." *Government and Opposition* 39.4(2004): 541-563.
Cas Mudde and Cristóbal Rovira Kaltwasser "Populism," in *The Oxford Handbook of Political Ideologies*, eds. Michael Freeden, Lyman Tower Sargent, and Marc Stears, 493-512 (Oxford: Oxford University Press, 2013).
Carl Schmitt, *Der Begriff des Politischen* (Berlin, Germany: Dunckler & Humblot, 1929).
Paul Taggart, *Populism* (Buckingham, UK: Open University Press, 2000).
Kurt Weyland, "Clarifying a Contested Concept: Populism in the Study of Latin American Politics." *Comparative Politics* 34.1(2001): 1-22.

第二章

Carlos de la Torre, *Populist Seduction in Latin America*, rev. ed. (Athens: Ohio University Press, 2010).
Michael Kazin, *The Populist Persuasion: An American History*, rev. ed. (Ithaca, NY: Cornell University Press, 1995).
Kosuke Mizuno and Pasuk Phongpaichit, eds., *Populism in Asia* (Singapore: NUS Press and Kyoto University Press, 2009).
Cas Mudde, *Populist Radical Right Parties in Europe* (Cambridge, UK: Cambridge

University Press, 2007).
Cas Mudde and Cristóbal Rovira Kaltwasser, "Exclusionary vs. Inclusionary Populism: Comparing Contemporary Europe and Latin America," *Government and Opposition* 48.2 (2013): 147-174.
Danielle Resnick, *Urban Poverty and Party Populism in African Democracies* (Cambridge, UK: Cambridge University Press, 2013).
Cristóbal Rovira Kaltwasser, "Latin American Populism: Some Conceptual and Normative Lessons," *Constellations* 21.4 (2014): 494-504.
Marian Sawer and Barry Hindess, eds., *Us and Them: Antielitism in Australia* (Perth, Australia: API Network, 2004).
Yannis Stavrakakis and Giorgos Katsambekis, "Left-Wing Populism in the European Periphery: The Case of SYRIZA," *Journal of Political Ideologies* 19.2 (2014): 119-142.

第三章

Daniele Albertazzi and Duncan McDonnell, eds., *Twenty-First Century Populism: The Spectre of Western Democracy* (Basingstoke, UK: Palgrave Macmillan, 2008).
Sergio Anria, "Social Movements, Party Organization, and Populism: Insights from the Bolivian MAS," *Latin American Politics and Society* 55.3 (2013): 19-46.
David Art, *Inside the Radical Right: The Development of Anti-immigrant Parties in Western Europe* (Cambridge, UK: Cambridge University Press, 2011).
Paris Aslanidis, "Populist Social Movements of the Great Recession," *Mobilization: An International Quarterly* 21.3 (2016): 301-321.
Julio Carrión, ed., *The Fujimori Legacy: The Rise of Electoral Authoritarianism in Peru* (University Park: Pennsylvania State University Press, 2006).
Catherine Fieschi, *Fascism, Populism, and the French Republic: In the Shadow of the Republic* (Manchester, UK: Manchester University Press, 2004).
Ronald Formisano, *The Tea Party* (Baltimore: Johns Hopkins University Press, 2012).
Kenneth Roberts, "Populism, Political Conflict, and Grass-Roots Organization in Latin America," *Comparative Politics* 36.2 (2006): 127-148.
Elmer E. Schattschneider, *The Semi-sovereign People: A Realist's View of Democracy in America* (New York: Holt, Rinehart and Winston, 1960).（E・E・シャットシュナイダー、『半主権人民』、内山秀夫訳、而立書房、一九七二年。）
Sidney Tarrow, *Power in Movement: Social Movements and Contentious Politics*, rev. ed. (Cambridge, UK: Cambridge University Press, 2011).（シドニー・タロー、『社会運動の力：集合行為の比較社会学』、大畑裕嗣訳、彩流社、二〇〇六年。）

第四章

Kirk A. Hawkins, "Is Chávez Populist? Measuring Populist Discourse in Comparative Perspective," *Comparative Political Studies* 42.8 (2009): 1040-1067.

Karen Kampwirth, ed., *Gender and Populism in Latin America: Passionate Politics* (University Park: Pennsylvania State University Press, 2010).
John Lynch, *Caudillos in Spanish America, 1800-1850* (Oxford: Clarendon, 1992).
Raúl Madrid, "The Rise of Ethnopopulism in Latin America," *World Politics* 60.3 (2008): 475-508.
Cas Mudde and Cristóbal Rovira Kaltwasser, "Populism and Political Leadership," in *The Oxford Handbook of Political Leadership*, edited by R.A.W. Rhodes and Paul't Hart, 376-388 (Oxford: Oxford University Press, 2014).
Cas Mudde and Cristóbal Rovira Kaltwasser, "Vox Populi or Vox Masculini? Populism and Gender in Northern Europe and South America," *Patterns of Prejudice* 49.1-2 (2015): 16-36.
Paul Taggart, *Populism* (Buckingham, UK: Open University Press, 2000).
Max Wever, *Politik als Beruf* (Stuttgart, Germany: Reclam, 1992[1919]).

第五章

Robert Dahl, *Polyarchy* (New Haven, CT: Yale University Press, 1971).（ロバート・A・ダール、『ポリアーキー』、高畠通敏・前田脩訳、岩波書店、二〇一四年。）
Ernesto Laclau, *On Populist Reason* (London: Verso, 2005).
Steven Levitsky and Lucan Way, *Competitive Authoritarianism: Hybrid Regimes after the Cold War* (Cambridge, UK: Cambridge University Press, 2010).
Cas Mudde, "The Populist Radical Right: A Pathological Normalcy," *West European Politics* 33.6 (2010): 1167-1186.
Cas Mudde and Cristóbal Rovira Kaltwasser, eds., *Populism in Europe and the Americas: Threat or Corrective for Democracy?* (Cambridge, UK: Cambridge University Press, 2012).
Guillermo O'Donnell and Philippe C. Schmitter, *Transitions from Authoritarian Rule: Tentative Conclusions* (Baltimore: Johns Hopkins University Press, 1986).
Pierre Rosanvallon, *Counter-Democracy: Politics in an Age of Distrust* (Cambridge, UK: Cambridge University Press, 2008).（ピエール・ロザンヴァロン、『カウンター・デモクラシー：不信の時代の政治』、嶋崎正樹訳、岩波書店、二〇一七年。）
Cristóbal Rovira Kaltwasser, "The Responses of Populism to Dahl's Democratic Dilemmas," *Political Studies* 62.3 (2014): 470-487.
Kathryn Stoner and Michael McFaul, eds., *Transitions to Democracy: A Comparative Perspective* (Baltimore: Johns Hopkins University Press, 2013).
Charles Tilly, *Democracy* (Cambridge, UK: Cambridge University Press, 2013).

第六章

Sonia Alonso and Cristóbal Rovira Kaltwasser, "Spain: No Country for the Populist Radical Right?" *South European Society and Politics* 20.1 (2015): 21-45.
Kirk Hawkins, *Venezuela's Chavismo and Populism in Comparative Perspective* (New York:

Cambridge University Press, 2010).
Piero Ignazi, "The Silent Counter-Revolution: Hypotheses on the Emergence of Extreme Right-Wing Parties in Europe," *European Journal of Political Research* 22.1 (1992): 3-34.
Ronald Inglehart, *The Silent Revolution: Changing Values and Political Styles among Western Publics*. Princeton: Princeton University Press, 1977.（R・イングルハート、『静かなる革命：政治意識と行動様式の変化』、三宅一郎ほか訳、東洋経済新報社、一九七八年。）
Karl Löwenstein, "Militant Democracy and Fundamental Rights, I," *American Political Science Review* 31.3 (1937): 417-432.
Peter Mair, "Representative versus Responsible Government," *MPIfG Working Paper* 8 (2009): 1-19.
Jan-Werner Müller, "Defending Democracy within the EU," *Journal of Democracy* 24.2 (2013): 138-149.
Thomas Payne, *Common Sense* (London: Penguin, 1982[1776]).
Cristóbal Rovira Kaltwasser and Paul Taggart. "Dealing with Populists in Government: A Framework for Analysis," *Democratization* 23.2 (2016): 201-220.
Wolfgang Streeck, *Buying Time: The Delayed Crisis of Democratic Capitalism* (London: Verso, 2014).（ヴォルフガング・シュトレーク、『時間かせぎの資本主義：いつまで危機を先送りできるか』、鈴木直訳、みすず書房、二〇一六年。）

読書案内

Berlet, Chip, and Matthew N. Lyons. *Right-Wing Populism in America: Too Close for Comfort*. New York: Guilford Press, 2000.

Conniff, Michael L., ed. *Populism in Latin America*. 2d. ed. Tuscaloosa: University of Alabama Press, 2012.

de la Torre, Carlos, ed. *The Promise and Perils of Populism: Global Perspectives*. Lexington: University of Kentucky Press, 2015.

de la Torre, Carlos, and Cynthia J. Arnson, eds. *Latin American Populism in the Twenty-First Century*. Washington, DC: Woodrow Wilson Center Press, 2013.

Formisano, Ronald. *The Tea Party*. Baltimore: Johns Hopkins University Press, 2012.

Kazin, Michael. *The Populist Persuasion: An American History*. Rev. ed. Ithaca, NY: Cornell University Press, 1998.

Kriesi, Hanspeter, and Takis Pappas, eds. *European Populism in the Shadow of the Great Recession*. Colchester, UK: ECPR Press, 2015.

Laclau, Ernesto. *On Populist Reason*. London: Verso, 2005.

Mudde, Cas. *Populist Radical Right Parties in Europe*. Cambridge, UK: Cambridge University Press, 2007.

Mudde, Cas, and Cristóbal Rovira Kaltwasser, eds. *Populism in Europe and the Americas: Threat or Corrective for Democracy?* Cambridge, UK: Cambridge University Press, 2012.

Panizza, Francisco, ed. *Populism and the Mirror of Democracy*. London: Verso, 2005.

Taggart, Paul. *Populism*. Buckingham, UK: Open University Press, 2000.

図 版

1 Republican vice presidential candidate Sarah Palin, 2008
Shutterstock 182562674

2 Juan and Eva Perón in Buenos Aires
AP Photo 96112902365

3 Nigel Farage in a British pub in Benfleet, England, 2014
Lefteris Pitarakis/AP Photo 443082946673

4 Tea Party meeting in Mishawaka, Indiana, September 2009
Photograph by Cas Mudde

5 Presidential poster of Evo Morales in La Paz, Bolivia, 2014
Shutterstock 263441615

6 Italian ex-premier Silvio Berlusconi launching his new Party, The People of Freedom, In Rome, 2007
Shutterstock 361438391

7 Marine Le Pen at the May Day rally of the National Front in Paris, 2011
Shutterstock 192884351

8 Stamp of Hugo Chávez printed in Venezuela, circa 2014
Shutterstock 332169251

9 The impact of populism on the democratization and de-democratization process

10 Alexis Tsipras and Pablo Iglesias at a Syriza convention in Athens, 2015
Kyodo collection/AP Photo 792597788837

11 Jörg Haider at a meeting of the Austrian Freedom Party in Vienna, 2000
Shutterstock 93156871